使いやすい！教えやすい！家庭学習に最適の問題集！

宇都宮大学共同教育学部附属小学校

作新学院小学部

JN035373

2021年度版 過去問題集

最新の入試問題と特徴的な出題を含めた全40問掲載

<問題集の効果的な使い方>

①お子さまの学習を始める前に、まずは保護者の方が「入試問題」の傾向や難しさを確認・把握します。その際、すべての「学習のポイント」にも目を通しましょう。

②入試に必要なさまざまな分野学習を先に行い、基礎学力を養ってください。

③学力の定着が窺えたら「過去問題」にチャレンジ!

④お子さまの得意・苦手が分かったら、さらに分野学習をすすめレベルアップを図りましょう!

必ずおさえたい問題集

宇都宮大学共同教育学部附属小学校

口頭試問	新口頭試問・個別テスト問題集
お話の記憶	1話5分の読み聞かせお話集①・②
図形	Jr・ウォッチャー6「系列」
行動観察	Jr・ウォッチャー29「行動観察」
数量	Jr・ウォッチャー14「数える」

作新学院小学部

記憶	Jr・ウォッチャー19「お話の記憶」
記憶	1話5分の読み聞かせお話集①・②
推理	Jr・ウォッチャー59「欠所補完」
行動観察	Jr・ウォッチャー29「行動観察」
図形	Jr・ウォッチャー4「同図形探し」

●資料提供●

堯舜幼稚舎

ISBN978-4-7761-5322-1

C6037 ¥2500E

9784776153221

日本学習図書 ニチガク

定価　本体2,500円＋税

1926037025009

目指せ！合格！

家庭学習ガイド
宇都宮大学共同教育学部附属小学校

入試情報

出題形態：ペーパー、ノンペーパー
面　　接：志願者面接
出題領域：口頭試問（お話の記憶）、行動観察（制作、運動）
ペーパーテスト（数量、図形）

受験にあたって

2020年度の入学試験では、数量、図形のペーパー、お話の記憶の口頭試問、行動観察、志願者面接が行われました。

本年度から試験が2日間から1日に変わったほか、ペーパーテストも行われるようになりました。

行動観察は、**制作**や**運動**も含めた形で行われる複合的な問題として出題されています。1問で20分程度と小学校入試としてはかなりの長時間の問題です。集中力と体力が必要になってきます。

口頭試問では、お話の記憶が出題されています。お話のストーリーを追うものではなく、むしろ登場人物の心の動きや、一般道徳に関する出題が主ですので、日頃の読み聞かせでも「〇〇さんはどうしてそう思ったのか」といった問いかけをしてみてください。付け焼き刃でできることではありませんので、早めの対策を心がけましょう。

ペーパーテストでは、例年口頭試問で行われていた問題がペーパー形式に変わったと思っていればよいでしょう。数量や図形の問題が出題されています。過去問題を何度も繰り返し学習すれば、対策はとれます。ですから過去問題をひたすら行い、当校の傾向をつかむようにしましょう。

必要とされる力　ベスト6

チャートで早わかり！

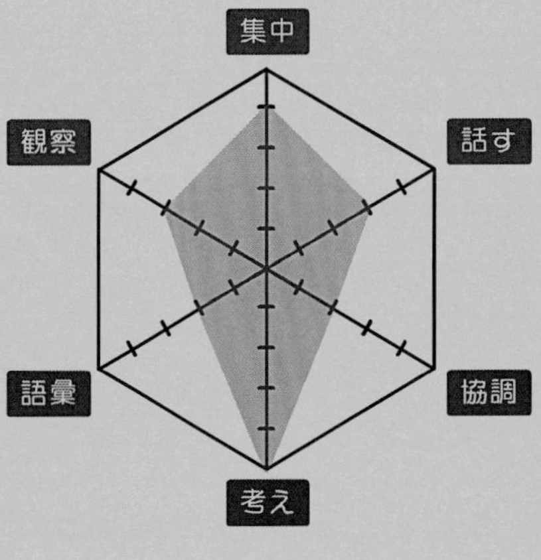

特に求められた力を集計し、左図にまとめました。
下図は各アイコンの説明です。

	アイコンの説明
集中	集　中　力…他のことに惑わされず1つのことに注意を向けて取り組む力
観察	観　察　力…2つのものの違いや詳細な部分に気付く力
聞く	聞　く　力…複雑な指示や長いお話を理解する力
考え	考える力…「～だから～だ」という思考ができる力
話す	話　す　力…自分の意志を伝え、人の意図を理解する力
語彙	語　彙　力…年齢相応の言葉を知っている力
創造	創　造　力…表現する力
公衆	公衆道徳…公衆場面におけるマナー、生活知識
知識	知　　　識…動植物、季節、一般常識の知識
協調	協　調　性…集団行動の中で、積極的かつ他人を思いやって行動する力

※各「力」の詳しい学習方法などは、ホームページに掲載してありますのでご覧ください。http://www.nichigaku.jp

目指せ！合格！

家庭学習ガイド
作新学院小学部

入試情報

出題形態：ペーパー、ノンペーパー
面　　接：志願者面接、保護者面接
出題領域：ペーパーテスト（記憶、推理）、口頭試問、行動観察、運動

受験にあたって

2020年度の入学試験は、例年とほとんど変化はなく、ペーパーテスト、口頭試問、行動観察、運動、面接が行われ、ペーパーテストでは記憶、推理が出題されました。

面接は保護者と志願者別々に行われました。保護者は控え室でアンケートの記入があり、そこに記載した内容をもとに質問されます。志願者には、試験の合間に家庭での保護者の躾や教育観・道徳観を知るための質問があったようです。

規律、礼儀、言葉遣いなど、日常の躾を重んじる校風で、常識分野の出題がペーパーテストで目立つのもその表れでしょう。試験中や待ち時間での態度も観られていると考え、準備しておくのはよいことですが、特に緊張することはありません。日頃から心がけてきた生活態度で過ごすようにしてください。

行動観察は、的あてやケンケンパなど運動の課題と、先生の拍手に合わせて指定されたカードをあげる、ピアノの音に合わせて動物の真似をするという課題が行われました。４人グループで進行していきます。上記のとおり、日常の躾を重視していますので、課題に取り組む時間だけでなく、待機時間などの態度などにも注意して臨みましょう。

必要とされる力　ベスト6

チャートで早わかり！

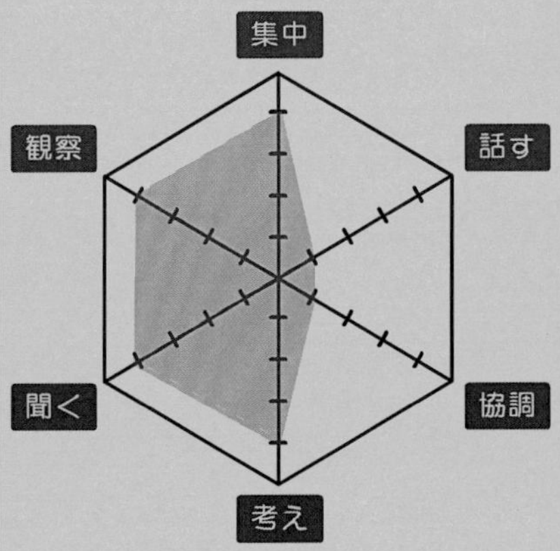

特に求められた力を集計し、左図にまとめました。
下図は各アイコンの説明です。

	アイコンの説明
集中	集　中　力…他のことに惑わされず１つのことに注意を向けて取り組む力
観察	観　察　力…２つのものの違いや詳細な部分に気付く力
聞く	聞　く　力…複雑な指示や長いお話を理解する力
考え	考える力…「～だから～だ」という思考ができる力
話す	話　す　力…自分の意志を伝え、人の意図を理解する力
語彙	語　彙　力…年齢相応の言葉を知っている力
創造	創　造　力…表現する力
公衆	公衆道徳…公衆場面におけるマナー、生活知識
知識	知　　識…動植物、季節、一般常識の知識
協調	協　調　性…集団行動の中で、積極的かつ他人を思いやって行動する力

※各「力」の詳しい学習方法などは、ホームページに掲載してありますのでご覧ください。http://www.nichigaku.jp

宇都宮大学共同教育学部附属小学校
作新学院小学部

過去問題集

〈はじめに〉

現在、少子化が叫ばれているにもかかわらず、私立・国立小学校の入学試験には一定の応募者があります。入試は、ただやみくもに学習するだけでは成果を得ることはできません。志望校の過去における出題傾向を研究・把握した上で、練習を進めていくこと、その上で試験までに志願者の不得意分野を克服していくことが必須条件です。そこで、本問題集は小学校を受験される方々に、志望校の出題傾向をより詳しく知って頂くために、過去に遡り出題頻度の高い問題を結集いたしました。最新のデータを含む精選された過去問題集で実力をお付けください。

また、志望校の選択には弊社発行の「2021年度版　首都圏・東日本　国立・私立小学校 進学のてびき」をぜひ参考になさってください。

〈本書ご使用方法〉

◆出題者は出題前に一度問題を通読し、出題内容などを把握した上で、〈 準 備 〉の欄に表記してあるものを用意してから始めてください。
◆お子さまに絵の頁を渡し、出題者が問題文を読む形式で出題してください。問題を読んだ後で、絵の頁を渡す問題もありますのでご注意ください。
◆「分野」は、問題の分野を表しています。弊社の問題集の分野に対応していますので、復習の際の目安にお役立てください。
◆問題番号右端のアイコンは、各問題に必要な力を表しています。詳しくは、アドバイス頁（ピンク色の１枚目下部）をご覧ください。
◆一部の描画や工作、常識等の問題については、解答が省略されているものがあります。お子さまの答えが成り立つか、出題者が各自でご判断ください。
◆〈 時 間 〉につきましては、目安とお考えください。
◆解答右端の［○年度］は、問題の出題年度です。［2020年度］は、「2019年の秋から冬にかけて行われた2020年度入学志望者向けの考査で出題された問題」という意味です。
◆学習のポイントは、指導の際にご参考にしてください。
◆【おすすめ問題集】は各問題の基礎力養成や実力アップにご使用ください。

〈本書ご使用にあたっての注意点〉

◆文中に **この問題の絵は縦に使用してください。** と記載してある問題の絵は縦にしてお使いください。
◆〈 準 備 〉の欄で、クレヨンと表記してある場合は12色程度のものを、画用紙と表記してある場合は白い画用紙をご用意ください。
◆文中に **この問題の絵はありません。** と記載してある問題には絵の頁がありませんので、ご注意ください。なお、問題の絵の右上にある番号が連番でなくても、中央下の頁番号が連番の場合は落丁ではありません。
下記一覧表の●が付いている問題は絵がありません。

問題１	問題２	問題３	問題４	問題５	問題６	問題７	問題８	問題９	問題10
	●	●					●		●
問題11	問題12	問題13	問題14	問題15	問題16	問題17	問題18	問題19	問題20
問題21	問題22	問題23	問題24	問題25	問題26	問題27	問題28	問題29	問題30
●	●								●
問題31	問題32	問題33	問題34	問題35	問題36	問題37	問題38	問題39	問題40

〈宇都宮大学共同教育学部附属小学校〉

◎学習効果を上げるため、前掲の「家庭学習ガイド」及び「合格のためのアドバイス」をお読みになり、各校が実施する入試の出題傾向を、よく把握した上で問題に取り組んでください。
※冒頭の「本書ご使用方法」「ご使用にあたっての注意点」も併せてご覧ください。

2020年度の最新問題

問題1　分野：口頭試問（志願者面接）　聞く　話す

〈準備〉　なし

〈問題〉　①お家のお手伝いでご両親に褒められて１番うれしかったことは何ですか。教えてください。
②「ありがとう」のように、お友だちに言われてうれしい言葉をたくさん言ってください。
③昨日までいっしょに遊んでいたお友だちがあなたに「今日から遊ばない」と言ってきたら、あなたはどう返しますか。教えてください。
④（問題１の左の絵を見せる）
この人たちがどういう気持ちなのか答えてください。
⑤（問題１の右の絵を見せる）
この人は何をしていると思いますか。この人に、「おはようございます」などのあいさつのほかに何と声をかけますか。

〈時間〉　適宜

〈解答〉　省略

［2020年度出題］

学習のポイント

口頭試問は志願者面接の中で行われます。質問は大きく分けて３種類です。①一般的な面接の質問（今日はどうやって来ましたか。など）②ルール・マナーを中心とした常識についての質問。③「お話の記憶」。本問では②の部分を取り上げています。内容としては難しいものではないので、お子さまもすぐに解答できたのではないでしょうか。注意したいのは「口頭試問」なので答える過程も観察されること、「それはどうしてですか」といった追加の質問があることです。つまり、「頭の回転」「判断力」「質問を理解して、それに沿った解答をする」といった能力も評価されるわけです。５・６歳のお子さまなりのもので構わないので、そういった能力があること、または成長の見込み、のびしろがあること示してください。なお、答えの正解・不正解はお子さまの言う理由を聞いて保護者の方が判断してください。

【おすすめ問題集】
新 小学校受験の入試面接Ｑ＆Ａ、面接テスト問題集

問題2　分野：口頭試問（お話の記憶）　　話す　聞く

〈準 備〉　なし

〈問 題〉　**この問題の絵はありません。**

お話をよく聞いて後の質問に答えてください。

ネズミおじいさんが畑で大切にダイコン、ニンジン、インゲン豆、アスパラガスを作っています。ある日、ウサギのシロくんはネズミおじいさんの畑を見つけて、野菜がいっぱい育っているのを見つけました。シロくんが「美味しそうなニンジンがあるから食べちゃおう」と思いました。ニンジンが育っているところを見てみると、その周りには誰かがかじった跡があるニンジンがたくさん落ちていました。「みんなも食べてるんだから、僕だけ食べてもバレないや」と思い、畑に入ろうとしました。しかし、シロくんは「畑に入るな」とう看板を見つけたので、ニンジンを取るのをやめることにしました。

①お話に出てきた野菜をすべて答えてください。
②シロくんは、どうしてニンジンを取るのをやめましたか。答えてください。
③あなたがシロくんだったら、どうしますか。理由も答えてください。

〈時 間〉　即答が望ましい

〈解 答〉　①ダイコン、ニンジン、インゲン豆、アスパラガス　②③省略

［2020年度出題］

学習のポイント

口頭試問形式で出題される「お話の記憶」の問題です。とは言っても、ペーパーテストとの違いはほとんどありません。「誰が」「何を」「どうした」という情報を整理しながらお話を聞き、質問の内容、つまり何を聞いているのをしっかりと理解してから返答すればよいのです。この「返答する」という部分がペーパーテストとの違いですが、答えに「～です」と付け加えればよいだけなので、大して問題にならないはずです。お話自体は短く、内容も複雑なものではありませんから、記憶するという意味でもそれほど困ることはないでしょう。必要以上に緊張することなく、ふだんお話を聞いている時と同じように集中してください。なお、ルールやマナーに関する質問が必ず付け加えられるようですが、特に悩むようなものではないので、素直に答えましょう。

【おすすめ問題集】

1話5分の読み聞かせお話集①・②、お話の記憶 初級編・中級編・上級編、
Ｊｒ・ウォッチャー19「お話の記憶」

家庭学習のコツ①　「先輩ママのアドバイス」を読みましょう！

本書冒頭の「先輩ママのアドバイス」には、実際に試験を経験された方の貴重なお話が掲載されています。対策学習への取り組み方だけでなく、試験場の雰囲気や会場での過ごし方、お子さまの健康管理、家庭学習の方法など、さまざまなことがらについてのアドバイスもあります。先輩ママの体験談、アドバイスに学び、ステップアップを図りましょう！

問題3　分野：運動

聞く　集中

〈準備〉　①ビニールテープ、始まりと終わりの線を作る。（10ｍの幅）
②ボール
③マット
④マットの先（１ｍほど）にビニールテープで○を作る。

〈問題〉　**この問題の絵はありません。**
先生のお手本を見てから、同じように行動してください。
①始まりの線から、スキップをしてください。
②ボールを頭より高く投げている間に、１回手を叩いて、キャッチしてください。
③マットの上をクマ歩きで端まで歩いてください。
④端まで歩き終えたら、その１ｍ先の印に向かってジャンプしてください。
終わったらその印の中で体操座りで先生の指示があるまで待っていてください。

〈時間〉　適宜

〈解答〉　省略

［2020年度出題］

学習のポイント

小学校受験の運動というのは「行動観察」の１つとして考えてよいでしょう。チェックされるのは「指示を聞いてその通りに行動しているか」「協調性があるか」といったことで、運動能力ではありません。もちろん、準備や待機の際の行動も評価の対象になりますから、指示されているなら指示通りに、指示されていない時は常識的な判断をして行動してください。年齢相応の成長をしていないと思われるとさすがにマイナスかもしれませんが、よほどひどい結果でなければそういった判断はしないので心配しなくてもよいでしょう。むしろ、目立とうとして指示を守らなかったり、他人の迷惑になるような行動を取ると致命的です。試験前にはそれだけは避けるようにお子さまに伝えてください。

【おすすめ問題集】
新運動テスト問題集、Ｊｒ・ウォッチャー28「運動」

問題4　分野：制作

聞く　集中

〈準備〉　油性ペン（黒）、クレヨン（水色）、ハサミ、トレイ

〈問題〉　（問題４の絵を渡す）
①油性ペンで太線をなぞってください。
②水色クレヨンで雪だるまが被っているバケツを塗ってください。
③かまくらと雪だるまを囲っている点線をハサミで切り取ったら完成です。
④切り取った紙くずを机の上にまとめて、道具をトレイに片付け、手を膝に置いて、先生の指示があるまで待っていてください。

〈時間〉　５分

〈解答〉　省略

［2020年度出題］

学習のポイント

当校の制作課題では、意外に難しい作業が要求されるので準備が必要です。「切る・貼る・塗る」に加え、出題されたことのある「ちぎる」も一通り練習しておきましょう。なお、前述したように、制作も行動観察の１つと考えてください。つまり、「指示の把握と実行」はもっとも重要なポイントになるということです。お子さまに伝えるなら、「（先生の）お話をよく聞いて、そのとおりにしなさい」でよいでしょう。付け加えるなら、「ほかの人の迷惑にならないように」「ていねいに作業しなさい」といったことでしょうが、入試という緊張する場面であれこれ言い過ぎるのは混乱の素です。お子さまのコンディションや能力に合わせたアドバイスをしましょう。

【おすすめ問題集】
Ｊｒ・ウォッチャー23「切る・貼る・塗る」、実践 ゆびさきトレーニング①②③

家庭学習のコツ②　**「家庭学習ガイド」はママの味方！**

問題演習を始める前に、試験の概要をまとめた「家庭学習ガイド（本書カラーページに掲載）」を読みましょう。「家庭学習ガイド」には、応募者数や試験科目の詳細のほか、学習を進める上で重要な情報が掲載されています。それらの情報で入試の傾向をつかみ、学習の方針を立ててから、対策学習を始めてください。

問題5　分野：数量（計数）

考え　集中

〈準備〉　鉛筆

〈問題〉　**この問題の絵は縦に使用してください。**
①数が多い方に○をつけてください。②③も同様に答えてください。
④左から５番目のくだものに○を、右から２番目のくだものに△をつけてください。

〈時間〉　各15秒

〈解答〉　①左　②右　③真ん中　④○：レモン、△：バナナ

[2020年度出題]

学習のポイント

「数量」分野の問題です。小学校入試では２つの絵を見て「こっちの集まりの方が多い（少ない）」といった判断ができ、10ぐらいまでのものなら指折り数えなくてもいくつなのかわかるといった能力があれば、ほとんどの問題は解けます。ここでも①～③は、「多い・少ない」という判断ができるかどうか、④は「～番目」ということがひと目でわかるかどうかを聞いています。こういった能力は、生まれながらに持っているものではなく、経験によって培われるものですから、日常の体験を通じて成長させていきましょう。「お菓子を均等に分ける」「上から３番目の引き出しにものを片付ける」など意外にその機会は多いものです。

【おすすめ問題集】
Ｊｒ・ウォッチャー14「数える」

家庭学習のコツ③　効果的な学習方法～問題集を通読する

過去問題集を始めるにあたり、いきなり問題に取り組んではいませんか？　それでは本書を有効活用しているとは言えません。まず、保護者の方が、すべてを一通り読み、当校の傾向、ポイント、問題のアドバイスを頭に入れてください。そうすることにより、保護者の方の指導力がアップします。また、日常生活のさまざまなことから、保護者の方自身が「作問」することができるようになっていきます。

問題6　分野：推理（系列）

観察　考え

〈準 備〉　鉛筆

〈問 題〉　絵の中の記号はお約束通り並んでいます。では、四角の中にはどの記号が入りますか。その記号に○をつけてください。

〈時 間〉　各15秒

〈解 答〉　①右　②左から２番目　③左　④右

［2020年度出題］

学習のポイント

系列は並び方の法則を見つけるための思考力が観点です。ハウツーとして、同じ記号や絵を探してそれぞれ別の指で押さえ、その指の間隔を保ったまま、「？」になっている部分に、一方の指を移動させて解答を導くという方法があります。ここでは記号が直線に並んでいるので、理屈を知らなくても正解できるということになりますが、系列が円形にならんでいるものや、同じ記号が２回出てくる（○○●●といったパターン）では通用しないことがあります。そういった場合も対応できるように、観察して考えてからパターンが発見できるようにしておきましょう。その方が将来につながる学習でもあります。

【おすすめ問題集】
Ｊｒ・ウォッチャー６「系列」、31「推理思考」

問題7　分野：図形（パズル）

観察　考え

〈準 備〉　あらかじめ問題７－１の絵を切って、三角形のパーツを作る。

〈問 題〉　（問題７－２の絵を見せる）
三角形のパーツを組み立てて、見本と同じ形を作ってください。

〈時 間〉　１分

〈解 答〉　省略

［2020年度出題］

学習のポイント

特に難しい問題ではないので、観察して感覚的に理解できていればそれでもよいのですが、こうした問題が苦手なお子さまのために、図形問題のポイントを書いておきます。まずは「図形の性質や特徴を知っておくこと」です。同じ三角形の向きを上下対称に並べると四角形になる（△+△→□）など、基本的なことがわかっていないと図形問題は答えられません。最終的には「図形の変化がイメージできるようになること」が目標です。こうしたパズルの問題なら、ピースを頭の中で移動させて完成させること、回転図形や重ね図形の問題なら「これを回転し（重ね）たらどのようになるか」かがイメージできることです。これができればほとんどの問題にスムーズに答えられるようになります。

【おすすめ問題集】

Ｊｒ・ウォッチャー３「パズル」、54「図形の構成」

問題8　分野：行動観察

聞く　考え　協調

〈準　備〉　マット（大中小：２枚ずつ）、ビニールテープ（青）
ビニールテープで始まりと終わりの線を作る。線と線の間隔はマット６枚を並べても届かないようにする。

〈問　題〉　**この問題の絵はありません。**
今からみなさんには川（青のテープ）を渡ってもらいます。
川の向こうへはマットを使わないと渡れません。
お友だちと協力して、川を渡ってください。
以下のことを守ってください。
・マットは１枚につき乗れる人数は２人までです。
・１度置いたマットは何回でも移動させることができます。
・ジャンプできる距離にマットを配置したからといえ、ジャンプをしてはいけません。またマットの上でもジャンプをしてはいけません。

〈時　間〉　10分程度

〈解　答〉　省略

［2020年度出題］

家庭学習のコツ④　効果的な学習方法～お子さまの今の実力を知る

１年分の問題を解き終えた後、「家庭学習ガイド」に掲載されているレーダーチャートを参考に、目標への到達度をはかってみましょう。また、あわせてお子さまの得意・不得意の見きわめも行ってください。苦手な分野の対策にあたっては、お子さまに無理をさせず、理解度に合わせて学習するとよいでしょう。

学習のポイント

繰り返しになりますが行動観察の問題の観点は、「指示の理解と実行」「協調性」です。ここでは集団での行動観察なので、「協調性」は特によく観られると考えてください。入試だからといって、積極的にイニシアティブを取り、ほかの子よりも目立とうとする必要はありません。入試では集団のリーダーになりそうなお子さまだけを入学させたいとは考えていないので、お子さまの性格にあった行動を取ればよいのです。大人しく人見知りをするお子さまなら、ほかの人の意見に頷いて行動をしてもよいでしょう。なお、競争やゲームだとテンションが上ってしまうお子さまもいると思いますが、常識はずれの行動をしたり、指示を守らないと評価の対象にもならずに失格してしまいます。その点だけには注意するようにしてください。

【おすすめ問題集】

Ｊｒ・ウォッチャー29「行動観察」

問題9　分野：口頭試問（志願者面接）

聞く　話す

〈準備〉　積み木、けん玉、すごろくなど

〈問題〉　①お家の人から言われて気を付けていることはなんですか。
（おもちゃをテーブルに並べる）
②どのおもちゃで遊びたいですか。選んでください。
（おもちゃを選んだら）そのおもちゃで誰と遊びたいですか。
それはなぜですか。（数回繰り返す）
③（問題９の左の絵を見せる）
この絵を見てどのように思いますか。
（答えた後）それはなぜですか。
④（問題９の右の絵を見せる）
この絵を見てどのように思いますか。
（答えた後）それはなぜですか。

〈時間〉　適宜

〈解答〉　省略

［2019年度出題］

学習のポイント

国立小学校入試ではあまり行われない志願者面接が行われます。質問内容は生活の様子をうかがうもの、基本的な常識のあるなしをチェックするもののようです。特徴としては、各質問に「それはなぜですか」という、追加の質問が必ずあることでしょう。なぜ、追加の質問するかというと、問い詰めようというわけではありませんし、詳しく事実を知りたいわけでもありません。目的は１つで「会話ができるか」、つまり「基本的なコミュニケーションが成り立つか」をチェックするためです。返答の内容はよほど突飛なものでない限り問題にされません。それよりは質問に沿っていない答えの方が悪い評価を受けるかもしれない、ということなります。準備をするなら、台本を用意してそれをお子さまに丸暗記させるような対策はやめて、親子の会話をこの面接に対応させるものにするようにしてください。

【おすすめ問題集】
新 小学校受験の入試面接Ｑ＆Ａ、面接テスト問題集

問題10　分野：運動

聞く　集中

〈準備〉　フープ（２本）、ボール、コーン（２本）、ビニールテープ、

〈問題〉　**この問題の絵はありません。**
先生のお手本を見てから、同じように行動してください。
①スタートの線から、コーンを８の字を描くように走って回ってください。
②ボールを頭より高く投げてワンバウンドさせている間に、１回転してキャッチします。できるだけたくさんやってください。ボールを落としたら、自分で拾って続けてください。
③先生が持っているフラフープを交互にくぐってください。
④（ボール、なわとび、棒などを置いて）
４人でグループになり、道具を１つ選んで遊んでください。「やめ」と言ったらやめてください。

〈時間〉　適宜

〈解答〉　省略

［2019年度出題］

学習のポイント

当校はアスリートを養成するための学校ではありません。ですから、運動は、お子さまに「年齢相応の運動能力」が備わっていれば、問題なくできる課題しか出題されません。保護者の方はこの点を理解して、指導するようにしましょう。要は、少々動きが拙くても問題はない、という精神的な余裕を持ってよいのです。試験前に特別なことをする必要もないでしょう。保護者の方に注意していただきたいのは、①精神的にも肉体的にも問題のない状態でお子さまを試験の場に送り出すこと、②指示を理解して、それに沿って行動するようにすることを伝える、の２点です。ふだんは「できることしか指示されないから心配ない」とお子さまに伝え、試験直前に「でも、先生のお話はよく聞いて、ルールを守ってね」と言えばよい、ということになります。なお、当校の指示はそれほど複雑ではありません。過去の課題を一度行っておけば、お子さまも戸惑うことはないでしょう。

【おすすめ問題集】
新運動テスト問題集、Ｊｒ・ウォッチャー28「運動」

問題11　分野：制作

聞く　集中

〈準備〉　画用紙（25cm×25cm）、のり
※あらかじめ、問題11の絵を枠線で切り取っておく。

〈問題〉　①画用紙の周りを１周ちぎってください。
②（問題11の絵を切り取ったものを渡して）
渡した絵は「ヘビの頭」です。ちぎった紙とつなげてヘビを完成させてください。

〈時間〉　５分

〈解答〉　省略

［2019年度出題］

学習のポイント

本校の制作課題では、年度によって違いますが、ハサミを使って切る、手で紙をちぎる、のりやセロハンテープで貼る、色を塗るといった作業が要求されます。こういった作業を手早くきれいに行うには、慣れるまで練習を繰り返すしかありません。器用・不器用より、練習を繰り返した回数が早さと巧緻性の差になると考えましょう。しかし、これらの作業にもコツはあります。ハサミを使う際には、刃先ではなく根元に近いところを使い、紙を動かすと、きれいに切れます。紙を手でちぎる時は、ちぎりたい線を中心に左右の手をなるべく近づけて行うとよいでしょう。クレヨンなどで色を塗る時は、まず輪郭線の内側を線に沿って塗り、それから広いところを塗ると手早くきれいに塗れます。お子さまがうまくいかず手間取っている時は、保護者の方がアドバイスをしてください。

【おすすめ問題集】
　Ｊｒ・ウォッチャー23「切る・貼る・塗る」、実践 ゆびさきトレーニング①②③

問題12　分野：数量（計数）　聞く　集中

〈準備〉　なし

〈問題〉　①虫は全部で何匹いますか。答えてください。
②左から２番目の木には、虫は何匹とまっていますか。答えてください。

〈時間〉　各15秒

〈解答〉　①10匹　②４匹

［2019年度出題］

学習のポイント

当校の入試で頻出の「数量」分野の問題です。具体物（おはじきなど）を利用して数を分けたり、２つの絵を見て「こっちの集まりの方が多い（少ない）」といった、数の多少がひと目見て判断できるようにしておきましょう。①は絵に描かれているものをすべて数え、②は条件付きで同じく数える問題です。どちらも、計算は必要ない単純な問題ですから、ある程度慣れていれば、問題なく答えられるはずです。なお、昨年まで同じイラストに描いてある数字を指差して答える形式でしたが、本年度の入試ではその形式ではありませんでした。だからと言って、「数字を読めなくてもよい」とは考えないでください。こうしたことはいつ元の形式に戻るかわかりませんから、準備はしておきましょう。１～10までの数字は読める・意味がわかるようにしておいた方が無難です。

【おすすめ問題集】
　Ｊｒ・ウォッチャー14「数える」

問題13　分野：積み木

観察　集中

〈準　備〉　積み木（あらかじめ、問題13の絵の通りに積んでおく）

〈問　題〉　お手本が２つあります。これと同じ形を作ってください。

〈時　間〉　各１分

〈解　答〉　省略

［2019年度出題］

学習のポイント

当たり前のことではありますが、積み木は下から組み上げるものですから、まず下の積み木を確認してから、組み立て始めるようにしましょう。ふだんから積み木に親しんでいるお子さまなら自然と組み立ての手順はわかるでしょうし、こういった説明も必要ないでしょう。積み木に限らず、図形問題は数多く類題にあたればその分だけ、感覚が身に付く分野です。この程度の問題なら対策は不要とお考えになる保護者の方もいるかもしれませんが、経験を積み重ねていくことが重要なのです。図形や立体の性質に関する基礎的な知識を「感覚的に身に付ける」よい機会ととらえて、類題に取り組む、パズルや積み木などの知育玩具に親しむ、といった形でお子さまの知識を増やしと思考力を育てていきましょう。

【おすすめ問題集】

新口頭試問・個別テスト問題集、新ノンペーパーテスト問題集、

Ｊｒ・ウォッチャー16「積み木」、53「四方からの観察　積み木編」

問題14　分野：口頭試問

聞く　考え

〈準　備〉　なし

〈問　題〉　①「こんにちは」のようなあいさつを、できるだけたくさん教えてください。
②（問題14の絵を見せて）
　「？」では何が起きたと思いますか。答えてください。
③将来何になりたいですか。話してください。

〈時　間〉　各１分

〈解　答〉　省略

［2019年度出題］

学習のポイント

①基本的な語彙の問題です。「こんにちは」以外のあいさつが言えないようなら、お子さまの日常会話の量に問題あり、ということになります。②はお話作りの課題と考えてください。左の絵と右の絵を見て、中央の絵で「描かれるべき場面を想像する」、という課題です。こう書いてしまうと難しそうに聞こえますが、実際は右の絵を見て、「どうしてそうなったのかを想像する」だけですから、それほど難しいことではありません。スムーズに答えが出せないようであれば、能力というより経験が不足していると考えて、出かける機会を増やしたり、読み聞かせを習慣にするなどしてください。「日常（話）の流れ」を数多く知れば、そこから推測・想像することも自然にできるようになるはずです。③は何を言っても構わないのですが、できれば抽象的な言葉ではなく、具体的な言葉でわかりやすく説明した方がよいでしょう。ここでは、内容だけでなく、「説明して理解してもらう」ことも観点の１つになっているからです。

【おすすめ問題集】
新口頭試問・個別テスト問題集、Ｊｒ・ウォッチャー21「お話作り」

問題15 分野：記憶（お話の記憶）

集中 聞く

〈準備〉 なし

〈問題〉 お話をよく聞いて後の質問に答えてください。

キツネさん、リスさん、クマくん、ウサギくんは仲良しのお友だちです。今日はクマくんの誕生日なので、みんなで海へ遊びに行くことにしました。ワクワクしながら電車に乗ると、キツネさんは席の１番端っこに静かに座りました。クマくんもその横に座りました。リスさんは、ユラユラ揺れるつり革にぶら下がって遊んでいます。そして、ウサギくんと電車の中で追いかけっこを始めました。次の駅に着くと、人がたくさん乗ってきました。クマくんは、荷物を抱えたおばあさんに「どうぞ」と言って席をゆずってあげました。海に着くと空も海も真っ青です。たくさんの人が遊びに来ていて、砂浜で遊んだり海で泳いだりしています。みんなが水着に着替えると、クマくんが「ぼく、浮き輪で遊びたい」と言いました。リスさんは「わたしは砂のお城を作るわ」と言いました。ウサギくんは「ぼくは貝拾いをしようかな」と言いました。すると、キツネさんが「みんなでいっしょに砂のお城を作りたいなあ」と言いました。「そうだね」とウサギくんが言うと、「うん、そうしよう」とリスさん、クマくんも賛成しました。みんなは力を合わせて、砂で大きなお城を作りました。

(問題15の絵を見せて)
①上の段を見てください。電車の中でお行儀が悪かったのは誰ですか。答えてください。
②下の段の絵を見てください。「みんなでいっしょに砂のお城を作ろう」と言ったのは誰ですか。答えてください。

〈時間〉 即答が望ましい

〈解答〉 ①左から２番目、右端（リス、ウサギ）　②左端（キツネ）

［2019年度出題］

学習のポイント

当校のお話の記憶問題では、「ルール・マナー」に関する問題が、必ず出題されるので、ポイントとなる発言や描写、つまり、「覚えておくべきポイントを押さえる」ことが重要です。つまり、登場人物のよくないと思える発言や行動に、的をしぼってお話を聞いても当校入試に限ってはよい、ということです。ほとんどは登場する動物たちが、どこかへ遊びに行くというストーリーで、設問はお友だちに対する思いやりや、公共のマナーなどについて聞かれるという形になっています。また、表現に違いはありますが、そのマナー・ルールも同じようなことが毎年聞かれています。お話の記憶としてはスタンダードではありませんが、常識分野ではよく見られるパターンです。過去問だけでは練習が足りないと思われるようなら、常識分野の問題、なかでも口頭試問で行われるものを解いてみるのもよいでしょう。

【おすすめ問題集】
　１話５分の読み聞かせお話集①・②、お話の記憶 初級編・中級編・上級編、
　Ｊｒ・ウォッチャー19「お話の記憶」

問題16　分野：口頭試問（志願者面接）　聞く　話す

〈準備〉　なし

〈問題〉　①今朝は家族の人と、何を話しましたか。できるだけたくさん教えてください。
②お父さんに今、お願いしたいことは何ですか。くわしく教えてください。
③（問題16の絵を見せる）
ブランコに乗るために順番に並んでいるところに、順番に並ばない子がいます。順番を守って並ぶように言っても守りません。あなたなら、その子に何と言いますか。教えてください。

〈時間〉　適宜

〈解答〉　省略

［2018年度出題］

学習のポイント

試験の１日目には、志願者面接が行われます。本年度の面接では、お子さまへの簡単な質問の後、マナー違反をしている子の絵を見せて、お子さまがその子にどのように声をかけるのかが問われました。それぞれの質問は、それほど難しいものではありませんので、内容を確認しておきましょう。その際、細部まで答えることができるようにしておくことがポイントです。質問の答えに対して、充分な説明をするために、「～と聞かれたら、～と答える」といったパターンを作っておくとよいでしょう。例えば、「はい、〇〇の話をしました。その時に私が△△と言ったので～」と具体的に話したり、「はい、〇〇です。それは、△△だからです」のように理由を添えます。だからといって、たくさん話しすぎると答えがぼやけてしまいます。「答え＋もう一言（二言）」程度の量を目安に回答できるようにしましょう。

【おすすめ問題集】
　新 小学校受験の入試面接Ｑ＆Ａ、面接テスト問題集

問題17　分野：運動

聞く　集中

〈準備〉　フープ（６個程度）、ボール、コーン、ビニールテープ

〈問題〉　先生のお手本を見てから、同じように行動してください。
①スタートの線から、フープの輪を片足ケンケンで１周してください。
②ボールを頭より高く投げて、自分でキャッチします。できるだけたくさんやってください。ボールを落としたら、自分で拾って続けてください。
③スタートの線から、コーンのところまで走って、外側を回って元の線のところに戻ってきてください。

〈時間〉　各10秒

〈解答〉　省略

［2018年度出題］

学習のポイント

試験の２日目に行われる運動の課題です。運動の課題では、お子さまに年齢相応の運動能力があるかどうかを観ています。本年も難しさはそれほど変わっていないので、観点に大きな変化はないと考えられます。このような課題では、運動能力の高さが評価につながるわけではありません。当たり前のことを、確実にこなせば充分です。指示をしっかりと聞き、お手本通りの運動を行うことを心がければよい評価につながるでしょう。例えば、②の課題でボールを落としてしまった時に、指示通りに自分で拾うことは、ボールを落とさないことと同じぐらい大切なことです。しかし、試験の場で運動をするお子さまの気持ちになると、失敗した直後にいつも通りの行動をすることは難しいものです。慌てずに落ち着いて、いつも通りの力を発揮するためにも、ある程度上手に課題をこなせるように、ふだんから練習をしておくとよいでしょう。

【おすすめ問題集】
　新運動テスト問題集、Ｊｒ・ウォッチャー28「運動」

問題18　分野：行動観察（巧緻性・集団行動）

聞く　集中

〈準備〉　鉛筆、棒（２本、150cm程度のもの）、ガムテープ、紙コップ（６個）、段ボール（１枚、50cm四方程度のもの）
問題18－１の絵を、太線に沿ってあらかじめ切っておく。

〈問題〉　（問題18－１の絵を切り離したものを渡す）
①お祭りのチケットを作ります。
・チケットの紙に「○」と「△」が書かれています。線に沿って、この形を鉛筆でなぞってください。
・チケットの右側を、点線に沿って折ってから、手でちぎってください。
②４人１組になって、先生の見本（問題18－２の絵）の通りに、おみこしを作ります。
・棒を２本並べます。
・棒の中央に段ボールを置き、ガムテープで固定します。
・段ボールの上に、紙コップを６個置きます。
③みんなでおみこしをかついで、ゴールまで紙コップを運びます。
・紙コップを落とした時は、拾ってその場から続けてください。

〈時間〉　適宜

〈解答〉　省略

［2018年度出題］

学習のポイント

行動観察の課題では、はじめに巧緻性の作業を行い、その後みんなで課題に取り組みます。本年はお祭りに参加するためのチケットを作ってから、おみこしをかつぐ課題でした。チケット用の紙はあらかじめできあがりに近いサイズで切られているので、線を鉛筆でなぞり、紙を折ってちぎるという、簡単な作業となっています。おみこしの制作も同様に難しいものではありませんが、４人１組での作業なので、お友だちと役割を決め、作業を分担して取り組むことが求められています。また、おみこしをかつぐ課題では、紙コップを落とさずに運ぶために、お友だちと息を合わせなければいけません。指示をしっかりと聞き、作業を正確に行いながら、はじめて会うお友だちとのコミュニケーションも取らなければいけないという点で、総合的な力が観られている課題と言えます。本問のように、はじめて会うお友だちと協力する課題では、自分ががんばることだけでなく、相手への気配りも観点の１つとなっています。お子さまがこれから出会うお友だちは、１人ひとり得意なことや苦手なことが違い、考えていることもさまざまでしょう。そのことをお子さまが理解できていれば、はじめて会うお友だちへの気配りも、自然にできるようになります。

【おすすめ問題集】
Ｊｒ・ウォッチャー29「行動観察」

問題19　分野：数量（計数）

聞く　集中

〈準備〉　なし

〈問題〉　①上の段を見てください。鳥は全部で何羽いますか。下の数字を指さしてください。
②下の段を見てください。右から4番目の鳥はどれですか。指さしてください。

〈時間〉　各15秒

〈解答〉　①4羽　②カモ

［2018年度出題］

学習のポイント

当校の数量分野では、ものの数や順番を数える問題が例年出題されています。計算する力を必要とする問題は出題されていませんので、10個程度のものを正確に数えることができれば対応できるはずです。加えて、解答の際に「数字を指さす」形式が、この問題の特徴です。小学校入試では、「数える」ことは多くの試験で求められますが、このように数字を「読む」ことを求める試験はそれほど多くありません。対策としては、1桁の数であれば、数字を数えることと読むことを、同時に行うだけで充分です。なお、順番を数える時には、4や7のように2種類の読み方を無意識に使っている言葉に気を付けるようにしてください。ふだん「イチ、ニ、サン、シ」と数えている場合、「ヨン」番目という指示を聞き間違えてしまうかもしれません。混乱や勘違いの心配がある場合は、「ヨン」「ナナ」に統一して数えるように、ふだんから意識しください。

【おすすめ問題集】
Ｊｒ・ウォッチャー14「数える」

問題20　分野：図形（パズル）

考え　観察

〈準備〉　問題20－1、問題20－3を中央から2つに切り分け、左側の絵を線に沿って切り取り、パズルを作る。

〈問題〉　（問題20－1の右側の絵を渡し、問題20－2の絵を見せる）
①お手本の図形と同じになるように、四角の中にパズルを置いてください。
（問題20－3の右側の絵を渡す）
②四角の中にピッタリ当てはまるように、パズルを置いてください。パズルには使わないものもあります。

〈時間〉　各1分

〈解答〉　①省略　②下図参照

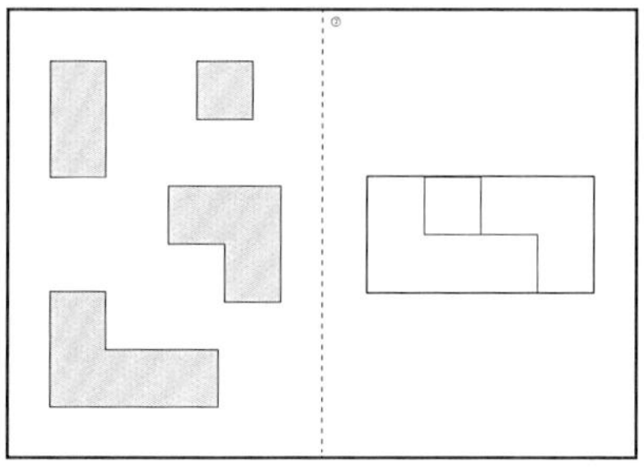

［2018年度出題］

学習のポイント

指示にしたがって、パズルを作る課題です。さまざまな図形を識別する力と、図形を組み立てた時の形を想像する力が観られています。①のお手本の図形は、四角形と三角形を組みあわせた形です。一方、用意されているパズルの形は、四角形と三角形が２種類ずつ、つまり、真四角（正方形）と長四角（長方形）、正三角形とつぶれた三角形（二等辺三角形）です。それぞれよく似た形なので、お手本を注意して見分けるようにしてください。②では、複雑な形を組み合わせて長方形を作ります。このような問題では、大きいピースから当てはめていくとすぐに答えがわかります。まず、ここでは１番大きいピースを四角に当てはめるには、ピースを横にして右端か左端に置かなければいけないことがわかります。しかし、右端をそろえた場合、空いている部分にほかのピースを当てはめることができませんから、左端をそろえるということがわかり、スムーズに残りのピースを当てはめることもできるでしょう。このように、パズルの問題では、それぞれの形を把握することと、進めやすいピースを見つけることが有効ですが、どのように問題を考えるかは、教えるよりもお子さま自身に気付かせた方が、これからの学習には、より効果的です。保護者の方は、お子さまがパズルへ取り組む際に、ポイントに気が付けるような最適なアドバイスをしてください。

【おすすめ問題集】

Ｊｒ・ウォッチャー３「パズル」、45「図形分割」、54「図形の構成」

宇都宮大学共同教育学部附属小学校　専用注文書

年　　月　　日

合格のための問題集ベスト・セレクション

＊入試頻出分野ベスト３

1st 数　量　観察力　思考力

2nd 図　形　思考力　観察力

3rd 口頭試問　聞く力　話す力

本年度はペーパーテストも行われました。とはいえ、昨年までノンペーパー形式で行われていた問題がペーパー形式に変わったととらえれば問題はないでしょう。例年通り数量や図形が頻出なので、過去問題を何度も繰り返して対策をとっていきましょう。

分野	書　名	価格(税抜)	注文	分野	書　名	価格(税抜)	注文
図形	Ｊr・ウォッチャー3「パズル」	1,500 円	冊		新小学校受験の入試面接Q＆A	2,600 円	冊
常識	Ｊr・ウォッチャー11「いろいろな仲間」	1,500 円	冊		家庭で行う 面接テスト問題集	2,000 円	冊
数量	Ｊr・ウォッチャー14「数える」	1,500 円	冊		保護者のための 面接最強マニュアル	2,000 円	冊
数量	Ｊr・ウォッチャー16「積み木」	1,500 円	冊		新運動テスト問題集	2,200 円	冊
記憶	Ｊr・ウォッチャー19「お話の記憶」	1,500 円	冊		新口頭試問・個別テスト問題集	2,500 円	冊
想像	Ｊr・ウォッチャー21「お話作り」	1,500 円	冊		新ノンペーパーテスト問題集	2,600 円	冊
巧緻性	Ｊr・ウォッチャー23「切る・貼る・塗る」	1,500 円	冊		１話５分の読み聞かせお話集①・②	1,800 円	各　冊
常識	Ｊr・ウォッチャー26「文字・数字」	1,500 円	冊		お話の記憶問題集 初級編	2,600 円	冊
運動	Ｊr・ウォッチャー28「運動」	1,500 円	冊		お話の記憶問題集 中級編・上級編	2,000 円	各　冊
観察	Ｊr・ウォッチャー29「行動観察」	1,500 円	冊		実践 ゆびさきトレーニング①②③	2,500 円	各　冊
数量	Ｊr・ウォッチャー36「同数発見」	1,500 円	冊				
図形	Ｊr・ウォッチャー45「図形分割」	1,500 円	冊				
図形	Ｊr・ウォッチャー53「四方からの観察　積み木編」	1,500 円	冊				
図形	Ｊr・ウォッチャー54「図形の構成」	1,500 円	冊				

合計	冊	円

(フリガナ) 氏　名	電　話	
	ＦＡＸ	
	E-mail	
住　所　〒　　　－	以前にご注文されたことはございますか。	
	有　・　無	

★お近くの書店、または記載の電話・FAX・ホームページにてご注文をお受けしております。
電話：03-5261-8951　FAX：03-5261-8953　代金は書籍合計金額＋送料がかかります。
※なお、落丁・乱丁以外の理由による商品の返品・交換には応じかねます。

★ご記入頂いた個人に関する情報は、当社にて厳重に管理致します。なお、ご購入の商品発送の他に、当社発行の書籍案内、書籍に関する調査に使用させて頂く場合がございますので、予めご了承ください。

日本学習図書株式会社
http://www.nichigaku.jp

〈作新学院小学部〉

※問題を始める前に、本文１頁の「本書ご使用方法」「ご使用にあたっての注意点」をご覧ください。

2020年度の最新問題

問題21　分野：面接（保護者面接）　　聞く　話す

〈準　備〉　なし

〈問　題〉　**この問題の絵はありません。**

・お子さまのお名前を教えてください
・当校の志望理由を教えてください。
・ご家庭の教育方針を教えてください。
・お子さまの長所と直してほしいところを教えてください。
・お子さまの幼稚園での様子を教えてください。
・食事は家族全員で同時にとっていますか。
・お子さまはひらがな、カタカナは書けますか。
・お子さまは１～10までの数字は言えますか。
・当校までの通学方法、所要時間を教えてください。
・習い事はしていますか。

〈時　間〉　適宜

〈解　答〉　省略

［2020年度出題］

学習のポイント

当校では①志願者の保護者全員に共通の基本的内容（志望理由など）と、②事前に記入されたアンケートのからの質問という、２つのタイプの質問がありますが、今回は①の質問が少なくなっているということです。これは国立小学校でも、保護者・家庭環境を重視する姿勢が見られるようになったことの表れかもしれません。それはともかく、質問にはほかではあまり見られない質問もありますので、注意しておいてください。特に、「お子さまはひらがな・カタカナは書けますか」という質問は私立小学校の入試でもほとんど見ません。このような質問にどのように答えるべきかというのは意見の分かれるところだと思いますが、「書ける」「書けない」いずれにしても、「私は～と考えて、お子さまを～させている」という形で答えた方がよいでしょう。家庭の教育方針を自然に伝え、教育に対する熱意もアピールできるからです。

【おすすめ問題集】
　新・小学校受験の入試面接Ｑ＆Ａ、面接最強マニュアル

問題22　分野：面接（志願者）

聞く　話す

〈準備〉　なし

〈問題〉　**この問題の絵はありません。**

①お名前を教えてください。
②兄弟、姉妹はいますか。（いると答えたら）何歳ですか。
③通っている幼稚園の名前を教えてください。
④好きな食べものと嫌いな食べものを教えてください。
⑤（兄弟、姉妹がいると答えたら）
　兄弟、姉妹はどこでお留守番していますか。
⑥お父さん、お母さんがやさしいのはどんな時ですか。
⑦面接の練習はしましたか。

〈時間〉　適宜

〈解答〉　省略

［2020年度出題］

学習のポイント

答えることが難しい質問は１つもありません。観られているのは、内容ではないということでしょう。こうした他愛もない質問の意図は「ふつうにやりとりができるか」ということをチェックしていると思ってください。ですからお子さまには「質問に沿った答えを言う」という１点だけを注意させておけば問題はありません。もちろん、答える時に「～です」といったていねいな言葉遣いをすることが前提です。当校の志願者面接の質問内容は、毎年内容にほとんど違いはありませんが、質問の答えを丸暗記して面接に臨む、といった対策は取らない方がよいでしょう。どうしても、回答を忘れてはいけないという余計なプレッシャーがかかり、相手の話を聞く、理解するという面接の基本が疎かになってしまうからです。

【おすすめ問題集】
新 小学校受験の入試面接Ｑ＆Ａ、面接テスト問題集、面接最強マニュアル

問題23　分野：お話の記憶

聞く　集中

〈準備〉　鉛筆

〈問題〉　これからするお話をよく聞いて、後の質問に答えてください。
今日はとても天気がよかったので、かなでちゃんはお母さんといっしょに動物園に行くことにしました。動物園へ向かうバスでお母さんが「かなでは何の動物が見たいの？」と聞いてきたので、「パンダ」と答えました。動物園に着くと、さっそくパンダのところへ走っていきましたが、今日はパンダはお休みでした。かなでちゃんはとても悲しくて泣いてしまいました。そんなかなでちゃんの様子を見て、お母さんはソフトクリームをかなでちゃんに渡しました。「元気出して、ほかの動物見ようよ」かなでちゃんは大きくうなずき、ペンギンを見に行きました。ペンギンがヨチヨチ歩く様子はとても可愛くてつい見とれてしまい、かなでちゃんはソフトクリームを落っことしてしまったことに気付きませんでした。お母さんとかなでちゃんがそれに気付いた時、２人で笑い合いました。

①上の段を見てください。お母さんとかなでちゃんが最初に見た動物は何ですか。選んで○をつけてください。
②真ん中の段を見てください。かなでちゃんは何を食べましたか。選んで○をつけてください。
③下の段を見てください。お母さんとかなでちゃんは動物園まで何に乗って行きましたか。選んで○をつけてください。

〈時間〉　各15秒

〈解答〉　①左から２番目（ペンギン）　②右から２番目（ソフトクリーム）
③左端（バス）

［2020年度出題］

学習のポイント

当校のお話の記憶は、お話が短く、内容も複雑ではありません。特に準備や練習をしなくても答えられるレベルだとは思いますが、「お話を聞いてそれについての質問に答える」ということはなかなか日常では行わないと思います。この問題や類題集（基礎的なもので構いません）で予行演習を行っておきましょう。コツは「誰が」「何を」「～した」といった質問されそうなポイントを押さえながら聞くことです。何度か繰り返せばお子さまにもそういったポイントがわかってきます。スムーズに答えられるようなればそのコツが身に付いたということになります。

【おすすめ問題集】
１話５分の読み聞かせお話集①②、　お話の記憶 初級編・中級編、
Ｊｒ・ウォッチャー19「お話の記憶」

問題24　分野：図形（欠所補完）

観察　知識

〈準 備〉　鉛筆

〈問 題〉　（問題24の絵を渡す）
それぞれの絵の中で足りないところに、×を書いてください。

〈時 間〉　２分

〈解 答〉　下図参照

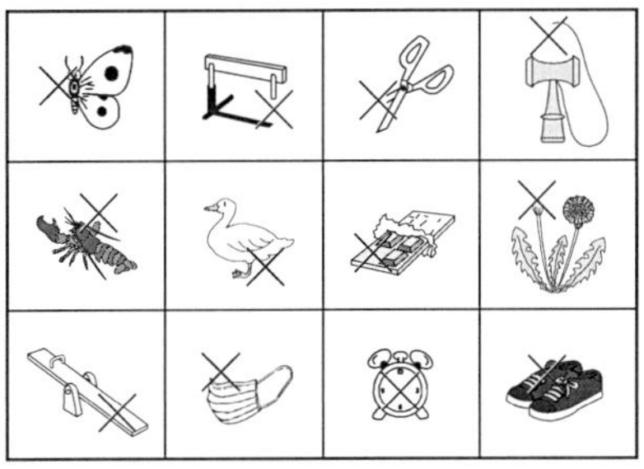

［2020年度出題］

学習のポイント

昨年も出題された欠所補完の問題です。欠所補完の問題は２種類あって、１つは図形問題として出されるものです。例えば「三角形の欠けている直線を書け」といった問題がこれにあたります。もう１つは、この問題のように「常識的にあるはずのものがない」問題です。選択肢があれば（欠けている部分にあてはまる形は次のうちどれかといった問題です）図形問題の要素も含まれるのですが、ここでは「あるはずのものがないものは？」と聞いているので、常識の問題ということになります。答えられたのなら問題ありませんが、少しでも迷ったようなら知識を補っておく必要があります。あまり見かけない動植物、季節の草花・行事などついては保護者の方が知識を得る機会を設けてください。

【おすすめ問題集】
Ｊｒ・ウォッチャー59「欠所補完」

問題25　分野：行動観察・運動

聞く　集中

〈準備〉　ピアノ、ボール（適宜）、コーン、マット、的

〈問題〉　①ピアノの音に合わせて、指示された動きをする。
・低い音：ゾウになる。片手を耳にあて、もう片方を下にダランと垂らし、鼻のようにする。歩く時に力強く大きな歩幅で歩く。
・高い音：タヌキになる。お腹に片手ずつ交互に当てて歩く。
②ケンパをする。
※その時自分で「ケンパ、ケンパ、ケンケンパ」と声を出しながら行う。
（４人１組のグループになり、体育館へ移動）
③笛の合図でコーンまでかけ足で行き、戻ってくる。
④的に目がけて、ボールを投げる。
⑤（あらかじめ問題25の絵を切り取っておく）
先生が手を叩いた数と同じ文字数の動物のカードを上にあげる。

〈時間〉　適宜

〈解答〉　省略

［2020年度出題］

学習のポイント

昨年とほぼ同じの出題内容ですが、④が「先生が手を叩いた数と同じ文字数の動物のカードを上にあげてください」とかなり簡単になっています。問題なく対応できるでしょう。それ以外は昨年と全く同じなので、行動観察の基本を守っていれば問題ありません。「指示を理解してそのとおりに行動する」「人に迷惑をかけないようにする」。この２つが守れていればよいということです。ケンパ程度はできたほうがよいでしょうが、ボールが的に届かなくても、走るのが遅くても悪い評価はされません。お子さまにも「言われたことを守って、積極的に動く」といったアドバイスをしておきましょう。

【おすすめ問題集】
新運動テスト問題集、Ｊｒ・ウォッチャー28「運動」、
Ｊｒ・ウォッチャー29「行動観察」

2019年度以前の問題

問題26　分野：図形（同図形探し）　観察　集中

〈準 備〉　鉛筆

〈問 題〉　絵の中にいる、ゾウとスズメに○をつけてください。四角に描いてあるのは見本ですから、○をつけないでください。

〈時 間〉　１分

〈解 答〉　下図参照

［2019年度出題］

学習のポイント

同図形探しの問題は、当校で例年出題されています。基本的には、見本があってその図形と同じものを同じ段（列）から探すという問題が多いのですが、当校ではランダムに配置されたものから、見本と同じものを探すという形になっていることが多いようです。ひねった問題になると選択肢の絵の中に、見本とほんの少し違う図形があったり、図形が反転しているものがあったりするのですが、当校ではそんなことはありません。ランダムに配置している以外は何のひねりもないのです。ですから、ここで注意すべきなのは「見逃し」だけです。幸い、こういった問題としては時間に余裕がありますから、見る方向を一定にする、答えたあとにもう一度見直す、といった工夫をしながら、見逃しがないように答えましょう。

【おすすめ問題集】
　Ｊｒ・ウォッチャー４「同図形探し」

問題27　分野：図形（欠所補完）　観察 知識

〈準 備〉　鉛筆

〈問 題〉　それぞれの絵の中で足りないところに、×を書いてください。

〈時 間〉　２分

〈解 答〉　下図参照

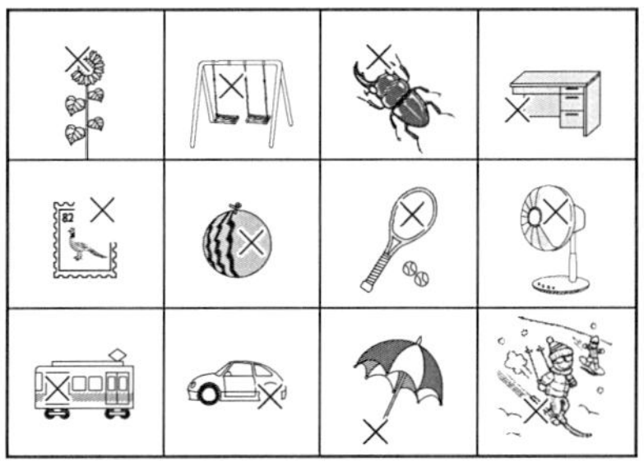

［2019年度出題］

学習のポイント

本年度も欠所補完の問題が出題されました。当校の欠所補完の問題は、身の周りでよく見るものの１部分が欠けており、そこを見つけるというものです。描かれているものの全体像を思い浮かべることができれば、欠けているところが自然とわかります。わからないとすれば、それは年齢相応の生活常識が足りていないということかもしれません。お手伝いをさせる、おつかいを頼む、といった経験を積ませることでそういった知識を補ってください。なお、当校の欠所補完の問題では、そのものの特徴的な部分や本質的な部分を取り除くことが多いようです。例えばヒマワリならば黄色い花びら、スイカならば縞模様、扇風機ならば羽の部分など、その部分だけを見て、全体の形がわかるようなものです。

【おすすめ問題集】

　Ｊｒ・ウォッチャー59「欠所補完」

問題28　分野：数量（計数）

観察　集中

〈準備〉　鉛筆

〈問題〉　左側の絵を見てください。上の段の中で１番数の多いものを見つけて、下の絵に○をつけてください。できたら右側の絵も同じように答えてください。

〈時間〉　各30秒

〈解答〉　①左（スイカ）　②右（カブトムシ）

［2019年度出題］

学習のポイント

「数に対するセンス」を観点にした問題です。「数に対するセンス」とはひと目で２つの集合の多少がわかったり、10以下の数であれば、指折り数えることなく、いくつのものがあるかがわかる、といった感覚のことです。こういう表現をしてしまうと難しそうですが、この感覚は、特別な訓練が必要なものではなく、日常生活で自然と身に付く感覚です。買い物をしてお金を払う時、友だちとおやつを分ける時など、何かを数える時に自然とものを数え、「数の感覚」を身に付けているのです。当校の問題は基礎的な内容なので、指折り数えても解答時間内に正解が出せるでしょう。合格だけを考えればそれでもかまいませんが、できれば高い意識で、こういった問題に取り組くんでください。「数の感覚」は将来の学習にも役立つものです。

【おすすめ問題集】

Ｊｒ・ウォッチャー14「数える」、37「選んで数える」

問題29　分野：推理（迷路）

観察　考え

〈準備〉　鉛筆

〈問題〉　迷路を右上の矢印から左下の矢印まで線を引いてください。分かれ道に数字が書かれている時は、数字が大きい方の道へ進んでください。

〈時間〉　１分

〈解答〉　下図参照

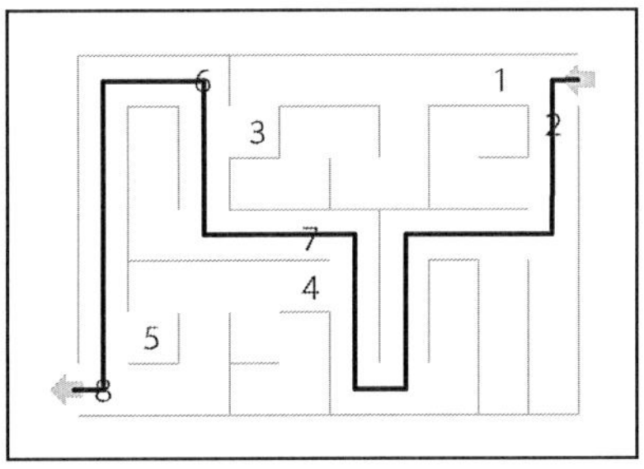

［2019年度出題］

学習のポイント

迷路と数量を複合させた問題です。通常の問題とは違い、ものの数を数えるのではなく、数字で大小を判別しなければいけない分、難しいかもしれません。迷路はあまり複雑なものではなく、ゴールまで進むことは比較的容易ですので、数字が大きい方へ進むという指示を聞き逃さないように注意して取り組んでください。小学校入試では、数字を数えることは多くの学校で求められますが、数字を読むことを求める学校はそれほど多くありません。しかし、一桁の数であれば、数字を数えることと読むことを、分けて考える必要はありません。数量の学習の１つとして、数字を読むことも織り交ぜていくとよいでしょう。

【おすすめ問題集】

Ｊｒ・ウォッチャー７「迷路」、14「数える」

問題30　分野：行動観察・運動

聞く　集中

〈準備〉　ピアノ、ボール（適宜）、コーン、マット

〈問題〉　この問題の絵はありません。

①ピアノの音に合わせて、指示された動きをする。
・低い音：クマがきた合図。頭を抱えてしゃがみ、音が鳴り終わるまで待つ。
・高い音：ウサギになる。両手で耳を作ってピョンピョン跳ぶ。
②ケンパをする。
※その時自分で「ケンパ、ケンパ、ケンケンパ」と声を出しながら行う。
（４人１組のグループになり、体育館へ移動）
③笛の合図でコーンまでかけ足で行き、戻ってくる。
④マットに移動し、先生が絵本を読むのを聞き、内容についての質問を受ける。

〈時間〉　適宜

〈解答〉　省略

［2019年度出題］

学習のポイント

①は例年出題されているもので、楽器の音を聞き取って、その音で指示された行動をするという課題です。②③の運動も例年の課題で、特に難しいものではありません。ほかの課題と同じく、指示の理解とそれに沿った行動をしていれば悪い評価は受けないでしょう。問題は④で、詳細な内容も意図もよくわかりませんが、試験を受ける側としては切り替えが大変なのでは、と感じます。私立小学校の入試というものはお子さまの評価をさまざまな切り口で行うものですが、志願者の体力的なものは考慮しても、メンタル面に関してはあまり行き届いていないことがあります。この課題がそうだ、ということではありませんが、すべてに全力で取り組んでいては精神的に疲れて、ふだんどおりの行動ができくなってしまうこともあるでしょう。負担が多いと感じたら、「言われたことに従い、聞かれたことに答える」ということだけを守って行動する、という姿勢でもよいかもしれません。

【おすすめ問題集】
新運動テスト問題集、Ｊｒ・ウォッチャー28「運動」、
Ｊｒ・ウォッチャー29「行動観察」

問題31　分野：お話の記憶

聞く　集中

〈準備〉　鉛筆

〈問題〉　これからするお話をよく聞いて、後の質問に答えてください。
今日はとても天気がよかったので、ウサギさんは公園へ遊びにいきました。公園に着くと、ネコさんとキツネくんが遊んでいました。ウサギさんは「おはよう、ネコさん、キツネくん」とあいさつをして、いっしょに砂場でお城を作りました。お昼になり、お腹が空いてきたので、ウサギさんがお家へ帰ると、お母さんがカレーライスを作っていました。「わあ、カレーライスね。私の大好きなニンジンも入っているよね」と言い、ウサギさんはすぐに手を洗って、お昼ごはんの準備を手伝いました。

①上の段を見てください。ウサギさんたちが公園で遊んだものはどれですか。選んで○をつけてください。
②真ん中の段を見てください。ウサギさんは、お昼ごはんに何を食べましたか。選んで○をつけてください。
③下の段を見てください。お話に出てこなかったのは誰ですか。選んで○をつけてください。

〈時間〉　各15秒

〈解答〉　①右から２番目（砂場）　②左から２番目（カレーライス）
③左端（クマ）、右端（イヌ）

［2018年度出題］

学習のポイント

当校のお話の記憶の問題は、内容がつかみやすい短めのお話で、お話の流れに沿った質問を3問程度出題されるのが特徴です。お話をしっかりと聞き取ることができていれば、充分に全問正解ができる難しさですので、記憶力と言うよりは、聞き取りから解答までの一連の動作に対する正確さが観られていると言えます。お話を聞き取る際の基本は、場面ごとの出来事を把握することです。それぞれの場面で、「誰が、何を、どうした」のかをとらえることを意識して聞き取りましょう。例えば本問の場合、はじめの場面では、「ウサギさんが、公園で、ネコさんとキツネくんとお城を作った」、次の場面で「ウサギさんは、お家で、カレーライスの準備を手伝った」という感じです。はじめのうちは大雑把な把握でかまいません。練習を繰り返して、少しずつ覚えられる量を増やしてください。そのためには、ふだんの読み聞かせで使うお話も、短めで内容がシンプルなものを選ぶとよいでしょう。ある程度お話をつかめるようになったら、積極的に問題練習に取り組んでください。そうすると、聞き取る時のポイントが、感覚的にわかってきて、お話をより上手に覚えられるようになります。

【おすすめ問題集】
1話5分の読み聞かせお話集①②、 お話の記憶 初級編・中級編、
Ｊｒ・ウォッチャー19「お話の記憶」

問題32 分野：お話作り

考え 話す

〈準 備〉 問題32の絵を線に沿って切り、４枚のカードにしておく。

〈問 題〉 （４枚のカードを机の上に並べる）
並んでいる４枚のカードを見て、お話を作ってください。

〈時 間〉 １分程度

〈解 答〉 省略

[2018年度出題]

学習のポイント

お話作りの課題では、お話の順番を考えながらカードを並べ、さらに、できたお話を説明します。当校のお話作りで用意されている絵は、４枚それぞれが場面を把握しやすいものなので、お話の流れを作ることはそれほど難しくはありません。起承転結にこだわらず、どんどんお話を言葉にしていくとよいでしょう。お話を作る際のポイントは、絵から読み取れる「誰が、どうした」を説明することばかりに力を入れず、絵からは読み取れない風景の描写や、擬態語、登場人物の気持ちなどを加えて話すことです。１つのカードごとに１つ、そのような表現を加えて話すようにすると、聞き手がイメージしやすいお話になります。それでも、お話を作ることが苦手なお子さまにとっては、難しいかもしれません。そのような時な、お話の良し悪しよりもお話を作ったこと自体を評価して、安心して自由にお話を作れる雰囲気を作ってください。

【おすすめ問題集】
　新口頭試問・個別テスト問題集、Ｊｒ・ウォッチャー21「お話作り」

問題33　分野：図形（同図形探し）

観察　集中

〈準　備〉　鉛筆

〈問　題〉　（問題33-１の絵を渡す）
それぞれの段の左側の絵と同じ絵はどれですか。選んで○をつけてください。
（問題33-２の絵を渡す）
上の四角の中に描かれている絵と同じものを探して、○をつけてください。

〈時　間〉　各１分

〈解　答〉　①右端　②左端　③右から２番目　④左から２番目　⑤下図参照

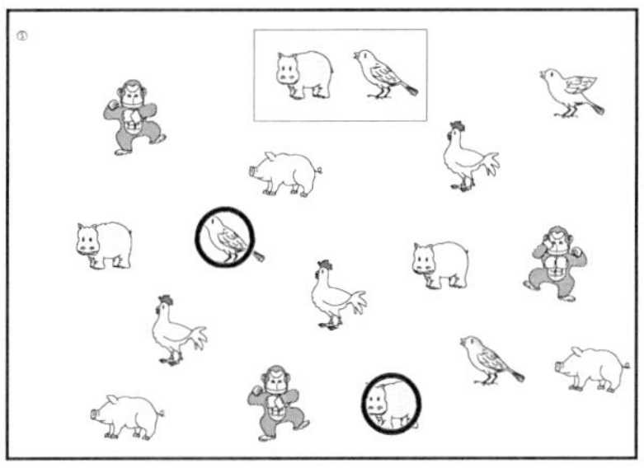

[2018年度出題]

学習のポイント

同図形探しの問題は、当校で例年出題されている分野です。お手本の絵の全体だけでなく、特徴的な部分にも目を向けられる観察力が求められています。このような問題では、はじめに全体を見比べてお手本と似ている絵を探し、その次に細かい部分同士を見比べて正解の絵を探します。例えば①の場合、お手本は立っている白いウマなので、左端と右端のウマの絵に注目します。これら２つの絵を見比べると、しっぽの形が違います。そこをお手本で再度確認すると、右端が答えとわかります。②は一見すると、どれもお手本に似ていますが、よく見るとニワトリの羽、足、尾が違っています。ほかの問題も同様に考えるとよいでしょう。⑤の場合、絵が散らばっていて比べにくくなっていますが、目の配り方は同じです。カバを探す時はカバだけ、小鳥を探す時も小鳥だけに目を向けるようにしてください。ふだんの学習の際にも、全体を見渡してから細かい部分や特徴的な部分に目を向けることを意識しながら練習に取り組むとよいでしょう。

【おすすめ問題集】

Ｊｒ・ウォッチャー４「同図形探し」

問題34　分野：お話の記憶

聞く　集中

〈準備〉　鉛筆

〈問題〉　（問題34の絵を見せ）

ヤギさんは、お父さん、お母さん、おじいさん、おばあさん、弟の６人家族です。お父さんはお医者さんで、毎日みんなの病気を治してあげる仕事をしています。お母さんはパン屋さんで、パンを焼いたり並べたりする仕事をしています。おじいさんとおばあさんは、お家の裏の畑でおいしい野菜を育てています。ヤギさんと弟は１歳違いですが、同じ幼稚園に通っていて、おじいさんが送り迎えをしてくれます。

①ヤギさんは何人家族ですか。上の段の数字の中から選んで○をつけてください。
②パンを並べるお仕事をしているのだれですか。真ん中の段の絵から選んで○をつけてください。
③ヤギさんと弟を幼稚園に送ってくれるのは誰ですか。下の段の絵から選んで○をつけてください。

〈時間〉　各15秒程度

〈解答〉　①６人家族　②左から３番目（お母さん）
③左から４番目（おじいさん）

［2017年度出題］

学習のポイント

お話の記憶は毎年出題されている問題です。お話は短めで情報量は少なく、しっかり聞き取ればそれほど難しくないと言えます。お話は、聞き取った言葉をもとに場面を想像することでより理解しやすく、また記憶にも残しやすくなります。お話を聞く時は自然に情景を想像できるようになるまで、繰り返し練習しましょう。ふだんの読み聞かせの練習の際に、お話の場面を絵に描かせるようにすると、よりイメージがしやすくなるでしょう。気分転換にもなり、学習を続ける助けになります。なお当校の問題では、本問①のように、問題や選択肢で数字を読まなければいけないことがあります。数を数える練習と合わせて、１桁の数字は読めるようにしておくとよいでしょう。

【おすすめ問題集】

１話５分の読み聞かせお話集①②、お話の記憶　初級編・中級編・上級編、
Ｊｒ・ウォッチャー19「お話の記憶」、新口頭試問・個別テスト問題集

問題35　分野：お話作り

考え　話す

〈準備〉　問題35の絵を線に沿って切り、４枚のカードにしておく。

〈問題〉　（４枚のカードを机の上に並べる）
並んでいる４枚のカードを見て、お話を作ってください。

〈時間〉　１分程度

〈解答〉　省略

[2017年度出題]

学習のポイント

お話作りの問題は、当校の頻出問題の１つです。問題のイラストからお話を作る想像力は、読み聞かせの練習で身に付けられます。読み聞かせの練習で場面を想像することに慣れているお子さまならば、絵からお話を想像することも苦労せずにできるでしょう。まずは読み聞かせでお話を聞いて、理解する力を養いましょう。その際に、絵本のイラストや、お話の場面を描いたカードなどを見せ、視覚的・具体的なイメージが膨らむよう誘導してください。慣れてきたら、今度はカードをバラバラに見せ、お話の流れに合わせて並べ替える練習をしましょう。お話の流れを理解し、カードを順番通り並べられるようになったら、今度はカードのみを見せて自由にお話を作らせます。段階を踏んで練習すれば、お話作りの問題にも対応できるようになるでしょう。

【おすすめ問題集】

Ｊｒ・ウォッチャー21「お話作り」、１話５分の読み聞かせお話集①②

問題36　分野：図形（同図形探し）

観察　集中

〈準備〉　鉛筆

〈問題〉　**この問題の絵は縦に使用してください。**
それぞれの段で、左の絵と同じ絵を右の中から選んで○をつけましょう。

〈時間〉　１分

〈解答〉　①右から２番目　②左から２番目　③左から２番目　④左から２番目
⑤左端

［2017年度出題］

学習のポイント

右側の見本と同じ図形を探す問題です。制限時間が短いので、１つひとつ見本と見比べながら探していると、時間内の解答は難しくなります。見本をしっかり見て覚え、すばやく判断することが必要です。まずは見本の全体像と選択肢を見比べ、はっきり違うとわかるものを除外し、残ったものの中で正解を特定する、という段階を踏んだ探し方を練習させましょう。こうした練習は、間違い探しやお絵描きなど遊びの中で行うことができます。学習に疲れた時に気分転換として行うと効果的です。

【おすすめ問題集】
Ｊｒ・ウォッチャー４「同図形探し」

問題37　分野：図形（欠所補完）

観察　知識

〈準備〉　鉛筆

〈問題〉　足りないところに、鉛筆で×を書きましょう。

〈時間〉　２分

〈解答〉　下図参照

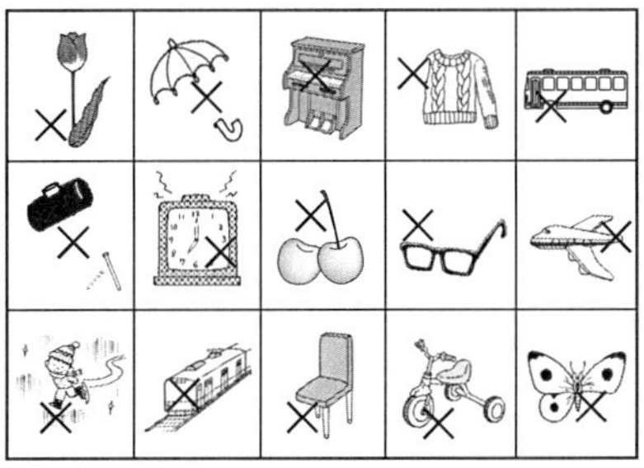

［2017年度出題］

学習のポイント

欠所補完の問題は、当校では頻出の問題です。出題されているものは、身近で利用したり本で見かけるものばかりです。どれもそのものの特徴的な部分が欠けており、足りないところを見つけるのは難しくないでしょう。日ごろの生活の中で、生きものや道具にどんな特徴があるのかを、お子さまといっしょに確認して、知識の量を増やしていくとよいでしょう。対象への興味が深まっていくと、知識の吸収・定着がどんどん早まっていきます。

【おすすめ問題集】
　Ｊｒ・ウォッチャー59「欠所補完」

問題38　分野：図形（同図形探し）　集中

〈準備〉　鉛筆

〈問題〉　左の絵の中から、ゾウとスズメを選んで○をつけてください。

〈時間〉　1分程度

〈解答〉　下図参照

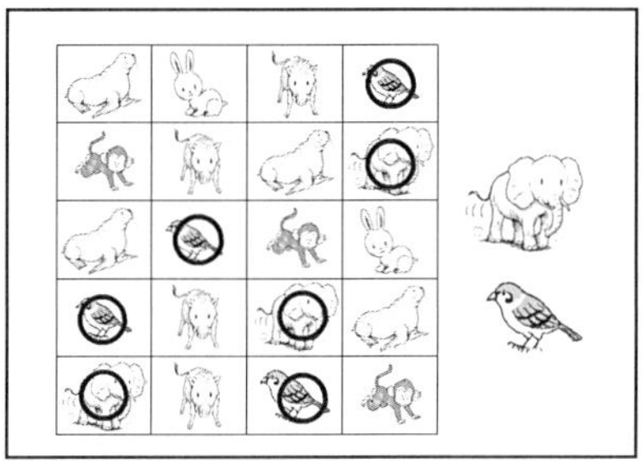

［2017年度出題］

学習のポイント

同図形探しでは、形を把握する観察力と、選択肢の中からあてはまる形をすべて選ぶための注意力が必要になります。選択肢の絵が多いので、漫然と全体を見渡していると、時間内に答えをみつけられなくなってしまいます。ランダムに絵が並んでいる場合には、まず全体を見渡し、次に並んでいる絵を区切ってブロックを作り、その中で１つひとつを確認していくなどの工夫が必要となります。またペーパーテストの場合には、問題の絵を指や筆記用具で押さえながら見ていく習慣をつけることで、１度確認したポイントを重複して見てしまうミスを防げます。

【おすすめ問題集】
　Ｊｒ・ウォッチャー４「同図形探し」

問題39　分野：数量

観察　考え

〈準備〉　鉛筆

〈問題〉　迷路を、ドーナツの数が多い方の道を選んで、ゴールまで線を引いてください。

〈時間〉　1分

〈解答〉　下図参照

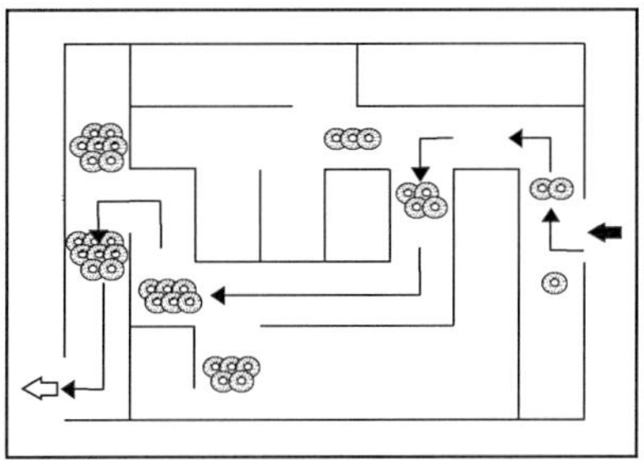

［2017年度出題］

学習のポイント

迷路を使用していますが、実質は数の大小を理解できているかを問う数量の問題です。ドーナツの数を先に数えて、多いものを集められる道筋を見つけてください。ものを数える際は、数え忘れ、重複のミスを減らすため、上から、左からなど数える方向を決める習慣をつけてください。机上の学習だけでなく、遊びの際にもおもちゃの数を数える、おやつを食べる前におやつを数えるなど、身近な具体物を実際に数えることも練習になります。小学校入学時には、1～10程度までの数字を数えられることが望ましいと言われていますので、10までの数を確実に理解できるようになることを目標に、数える練習を行うとよいでしょう。

【おすすめ問題集】

Ｊｒ・ウォッチャー７「迷路」、14「数える」

問題40　分野：行動観察

聞く　集中

〈準　備〉　問題40の絵を線に沿って切り、３枚のカードにしておく。
ピアノ、笛、コーン

〈問　題〉　※この問題は４人のグループで行う。
①笛が鳴ったらかけ足をしてコーンのところまで行き、戻ってきます。
②その後、笛が鳴ったらコーンまでスキップをして、帰りはケンケンパをして戻ってきます。
③次に、ピアノの音にあわせてゾウかウサギに変身します。音が止まったら、動きを止めます。
④（問題40のイラストを切った３枚のカードを置いておく）
ピアノの音を何回か鳴らします。音の数と名前の音の数が同じのカードを上にあげてください。
・２回…モモのカード
・３回…バナナのカード
・５回…サクランボのカード

〈時　間〉　適宜

〈解　答〉　省略

［2016年度出題］

学習のポイント

当校の行動観察は、４人グループで行なうこと、音の数に合ったカードを選んで取るなど、ここ数年は同じ形式が続いています。指示が複雑なため、それを理解して言われたとおりの行動ができるかが重要です。学習に限らず、生活の中での指示もしっかりと聞き取り、理解した上で行動できるようにしましょう。①、②ではかけ足、スキップ、ケンケンパの指示がありますが、これらを含む基礎的な運動動作についても、日頃から慣れ親しんでおきましょう。年相応の運動能力があれば、問題なくできる課題です。そのため、ただ運動ができるだけでなく、キビキビと集中して取り組む姿勢や、ほかのお子さまに気をとられないかといったところも観点となりますので、日頃から意識しましょう。

【おすすめ問題集】
新口頭試問・個別テスト問題集、Ｊｒ・ウォッチャー29「行動観察」

作新学院小学部　専用注文書

年　　月　　日

合格のための問題集ベスト・セレクション

＊入試頻出分野ベスト３

1st　記　憶
聞く力　集中力

2nd　推　理
考える力　観察力

3rd　数　量
観察力　思考力

基本的な問題を繰り返して、確実に解ける力を身に付けることが大切です。数字を読むという特殊な問題が過去によく出題されています。１つの傾向と踏まえ、読めるように対策をとっておきましょう。

分野	書　名	価格(税抜)	注文	分野	書　名	価格(税抜)	注文
図形	Ｊｒ・ウォッチャー4「同図形探し」	1,500円	冊		保護者のための 面接最強マニュアル	2,000円	冊
推理	Ｊｒ・ウォッチャー7「迷路」	1,500円	冊		新運動テスト問題集	2,200円	冊
図形	Ｊｒ・ウォッチャー14「数える」	1,500円	冊		新口頭試問・個別テスト問題集	2,500円	冊
記憶	Ｊｒ・ウォッチャー19「お話の記憶」	1,500円	冊		新ノンペーパーテスト問題集	2,600円	冊
想像	Ｊｒ・ウォッチャー21「お話作り」	1,500円	冊		１話５分の読み聞かせお話集①・②	1,800円	各　冊
常識	Ｊｒ・ウォッチャー27「理科」	1,500円	冊		お話の記憶問題集 初級編	2,600円	冊
運動	Ｊｒ・ウォッチャー28「運動」	1,500円	冊		お話の記憶問題集 中級編・上級編	2,000円	各　冊
観察	Ｊｒ・ウォッチャー29「行動観察」	1,500円	冊				
推理	Ｊｒ・ウォッチャー31「推理思考」	1,500円	冊				
巧緻性	Ｊｒ・ウォッチャー37「選んで数える」	1,500円	冊				
常識	Ｊｒ・ウォッチャー55「理科②」	1,500円	冊				
推理	Ｊｒ・ウォッチャー59「欠所補完」	1,500円	冊				
	新小学校受験の入試面接Q＆A	2,600円	冊				
	家庭で行う 面接テスト問題集	2,000円	冊				

合計	冊	円

（フリガナ） 氏　名	電　話 ＦＡＸ E-mail
住　所　〒　　　－	以前にご注文されたことはございますか。 有　・　無

★お近くの書店、または記載の電話・FAX・ホームページにてご注文をお受けしております。
電話：03-5261-8951　FAX：03-5261-8953　代金は書籍合計金額＋送料がかかります。
※なお、落丁・乱丁以外の理由による商品の返品・交換には応じかねます。

★ご記入頂いた個人に関する情報は、当社にて厳重に管理致します。なお、ご購入の商品発送の他に、当社発行の書籍案内、書籍に関する調査に使用させて頂く場合がございますので、予めご了承ください。

日本学習図書株式会社
http://www.nichigaku.jp

④

⑤

2021年度　宇都宮大学附属・作新学院　過去　　無断複製／転載を禁ずる　　日本学習図書株式会社

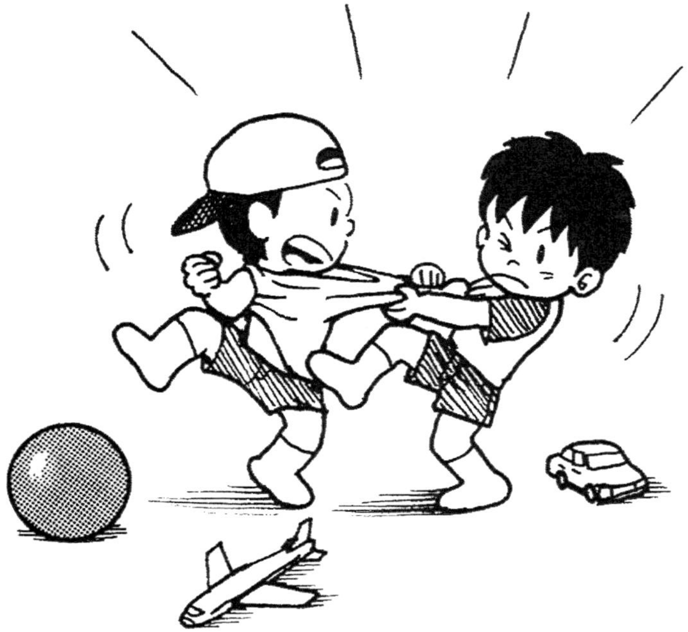

問題 4

問題5

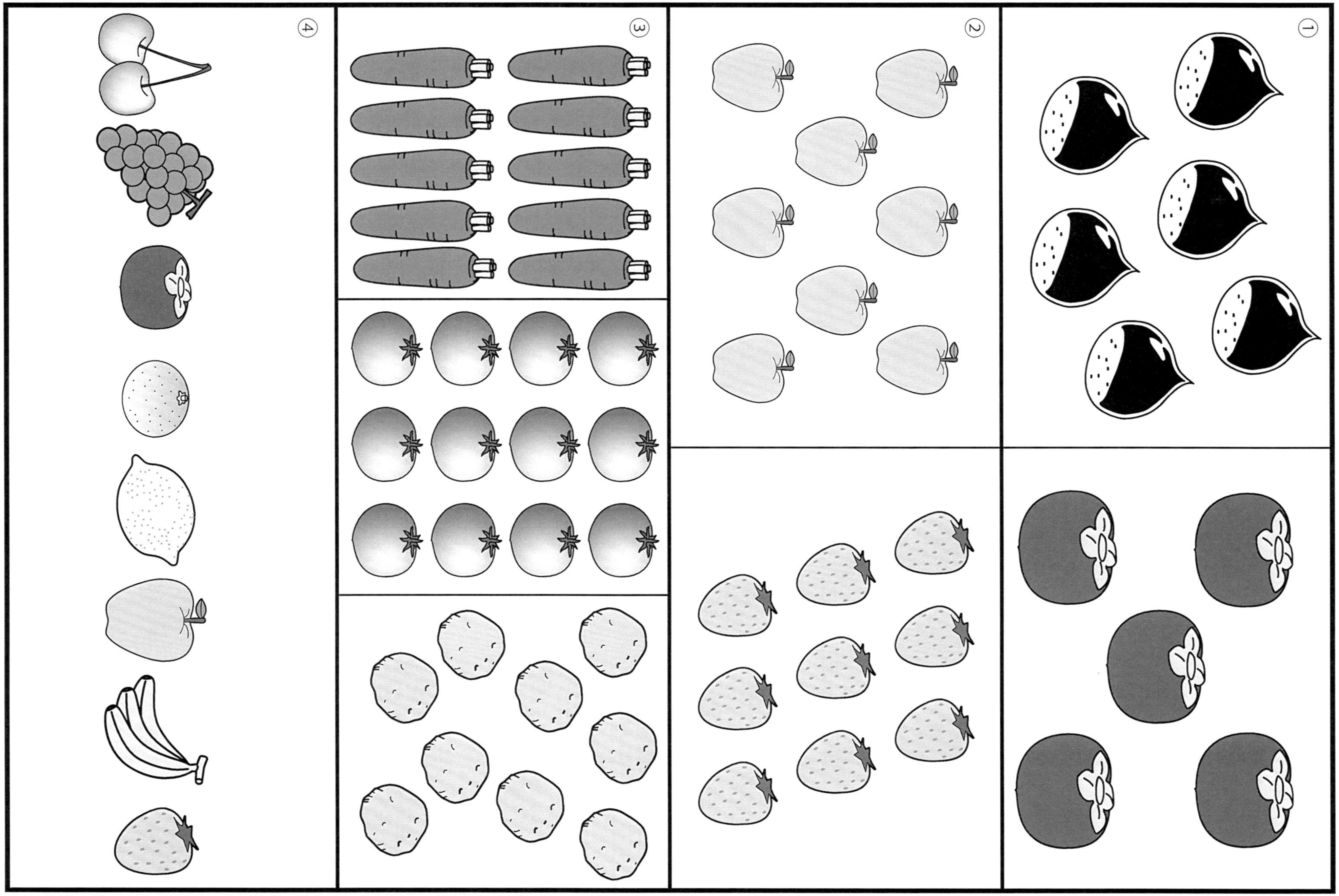

　　　

☆宇都宮大学共同教育学部附属小学校

問題6

①

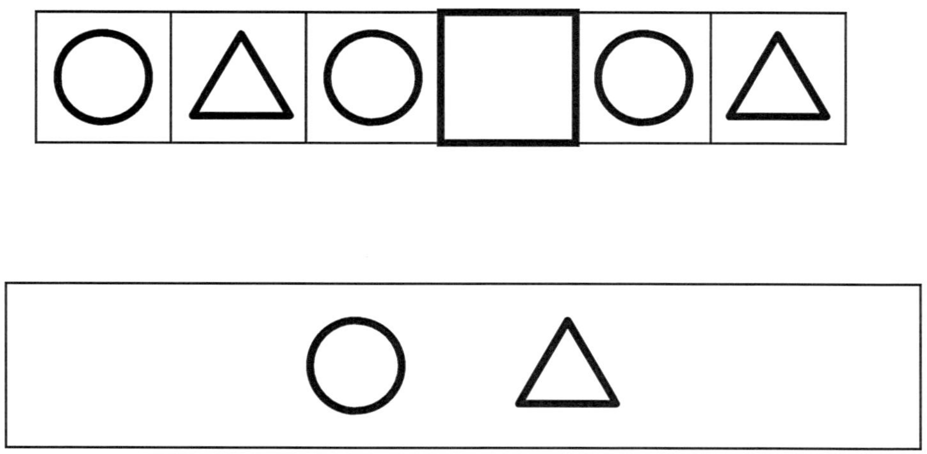

②

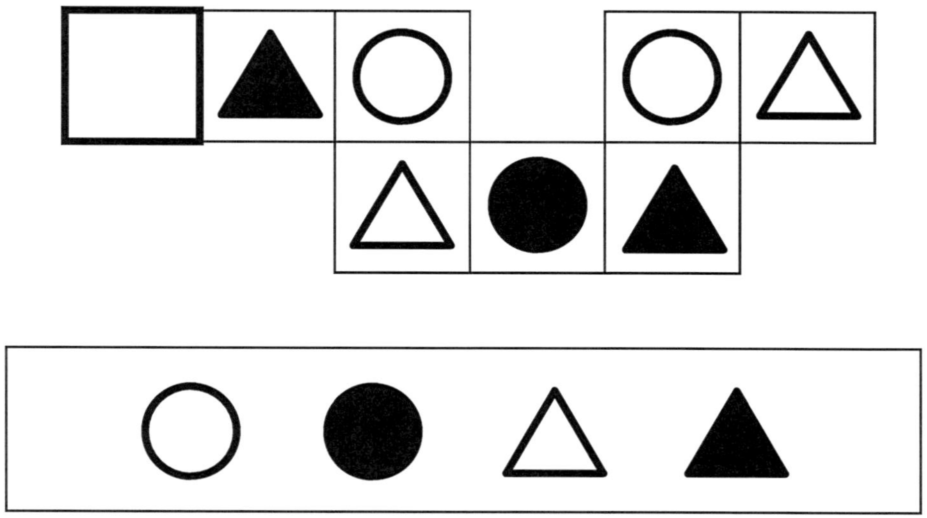

③

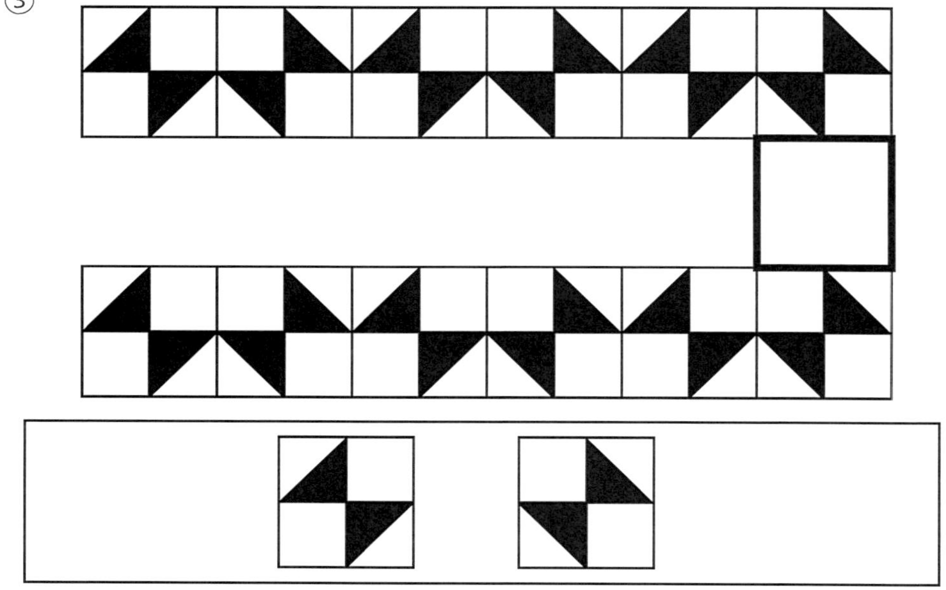

④

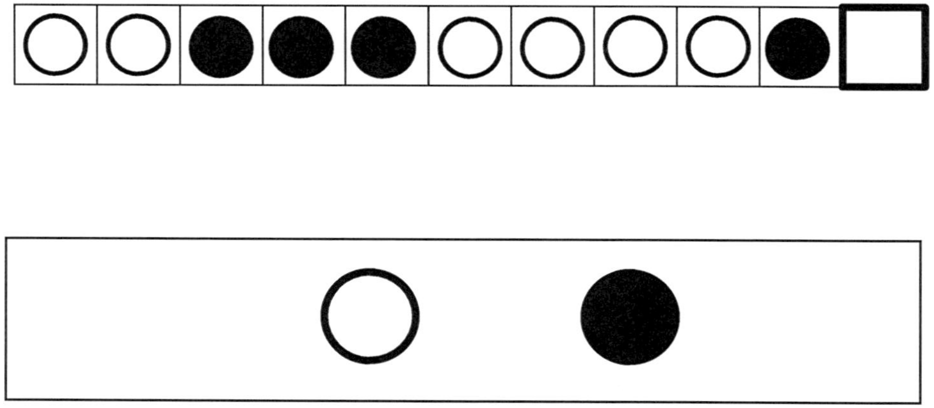

問題７－１

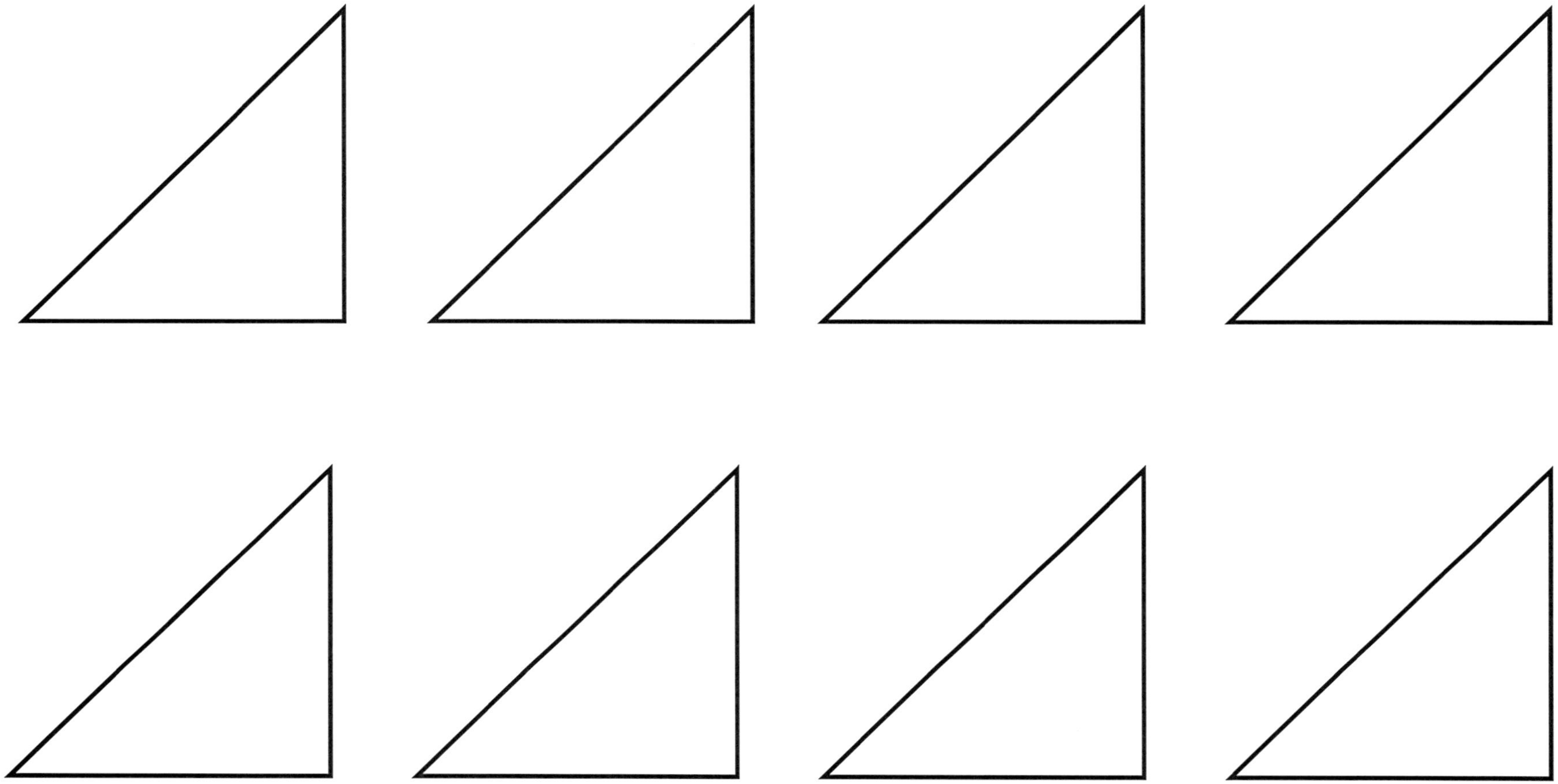

　

問題７－２

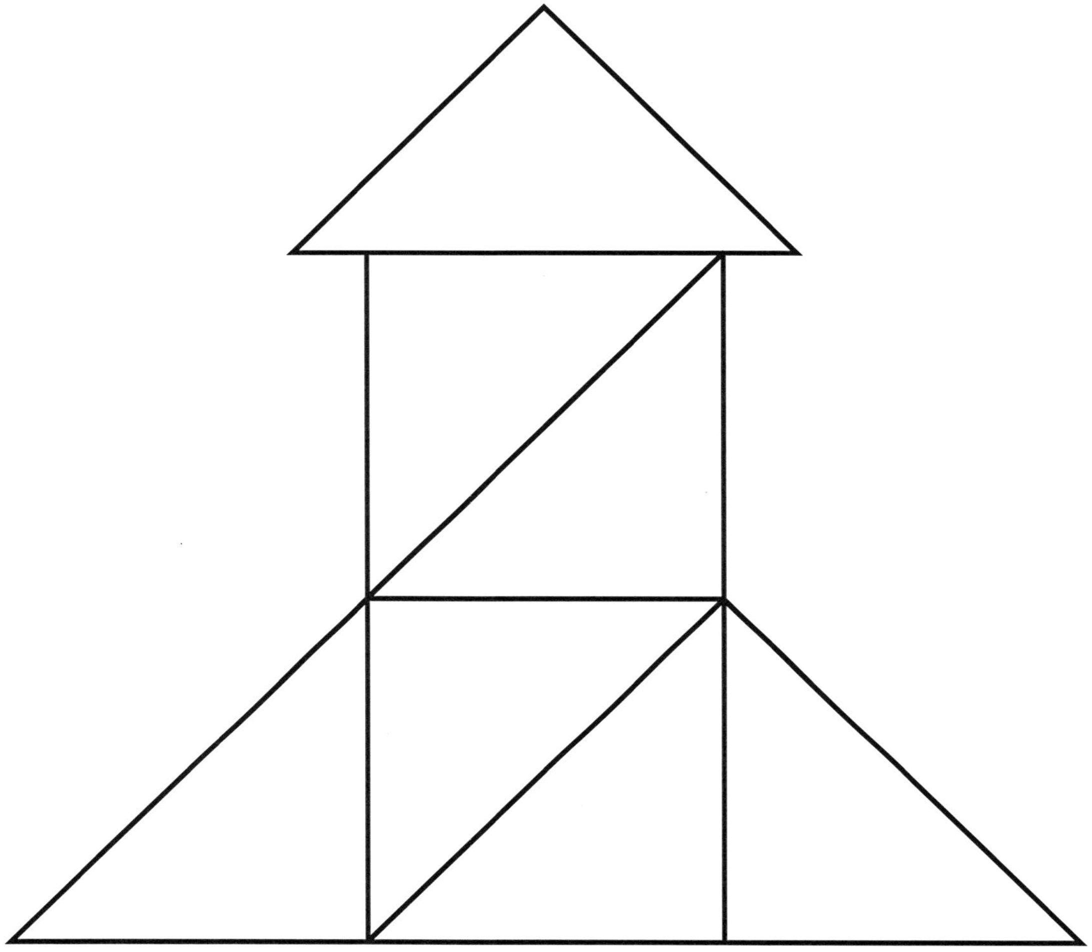

問題9

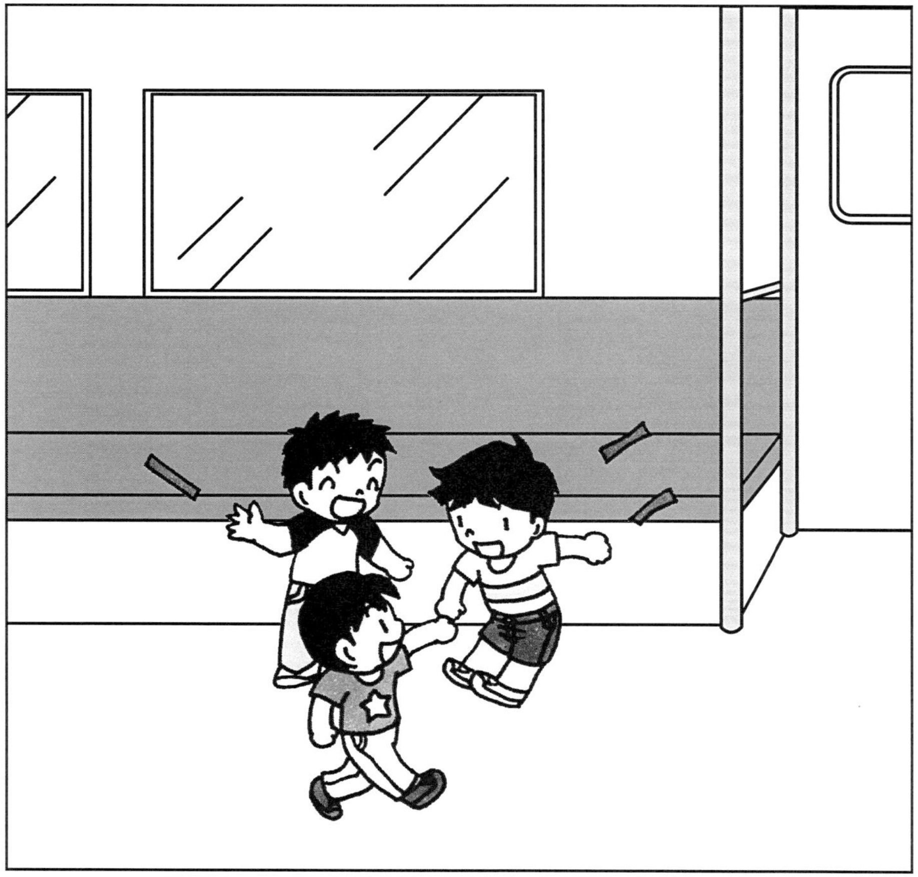

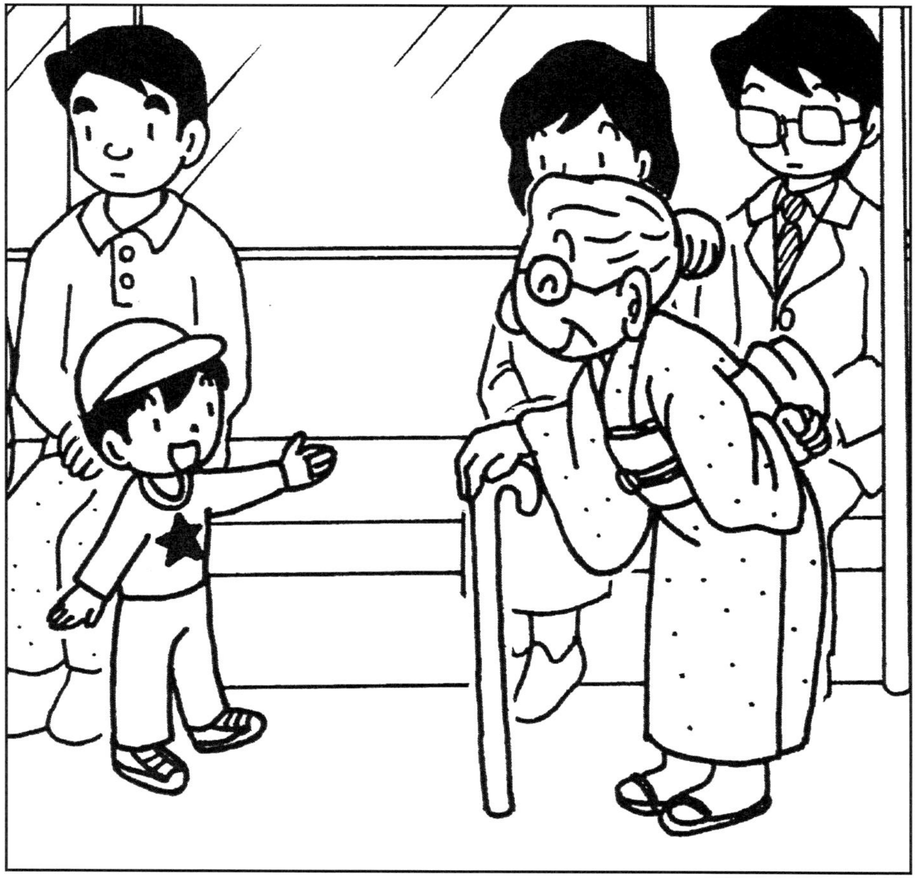

問題１１

問題１２

☆宇都宮大学共同教育学部附属小学校

2021年度 宇都宮大学附属・作新学院 過去 無断複製／転載を禁ずる 日本学習図書株式会社

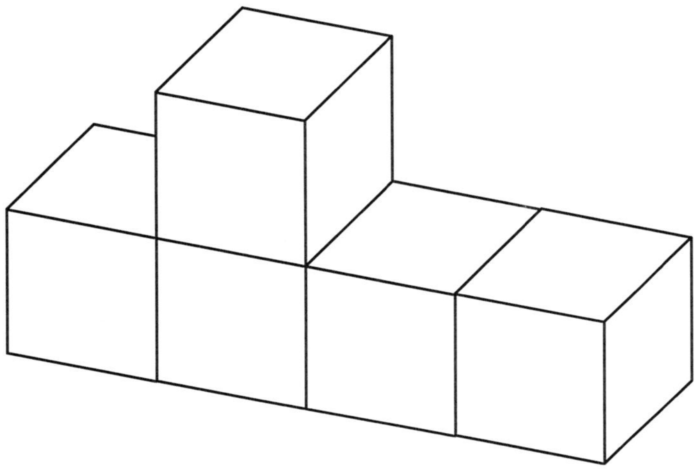

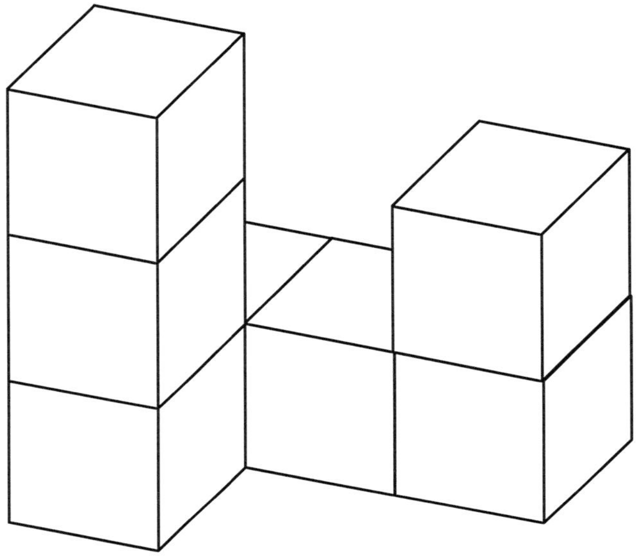

問題14

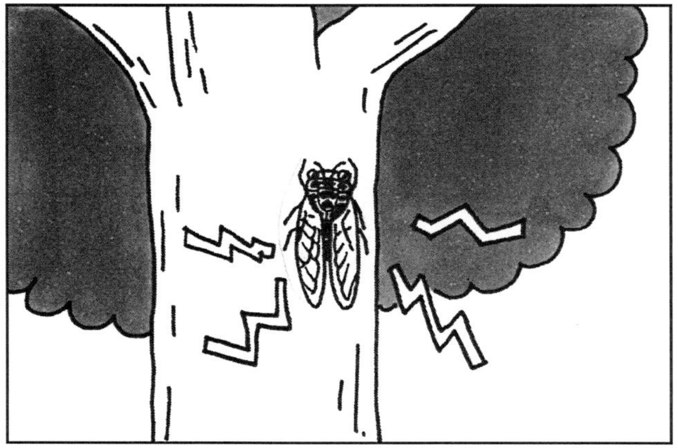

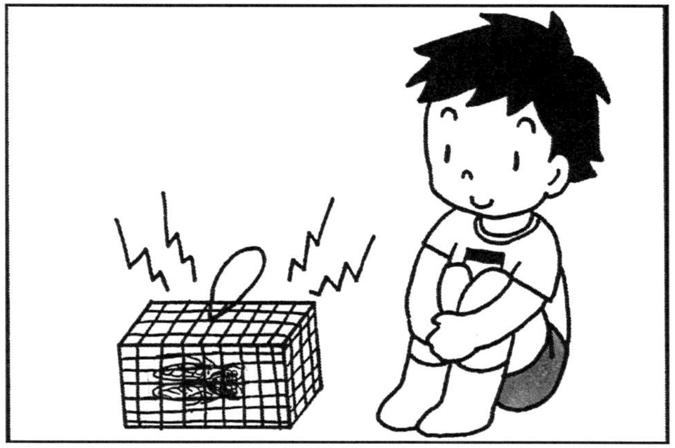

問題１５

☆宇都宮大学共同教育学部附属小学校

①

②

問題１６

日本学習図書株式会社

問題１７

①片足ケンケンで１周回る

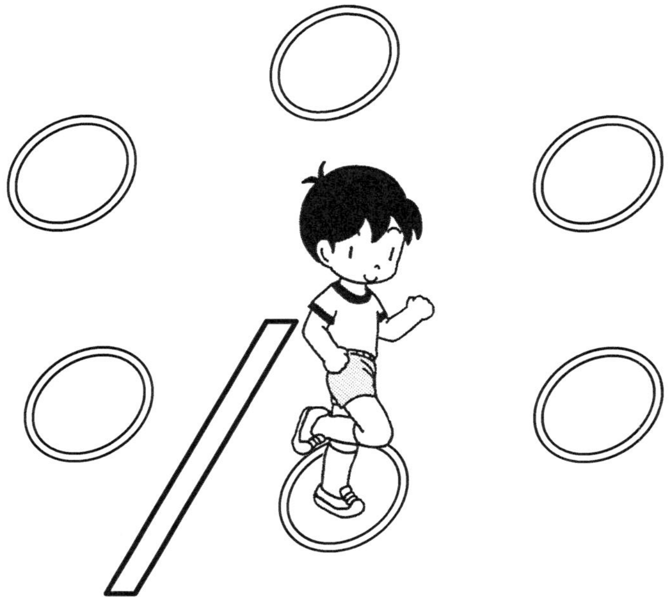

②ボールを頭より上に投げて、キャッチする。

③コーンの外側を回って、元の位置まで走る。

問題18−1

問題１８－２

①棒を２本並べる。

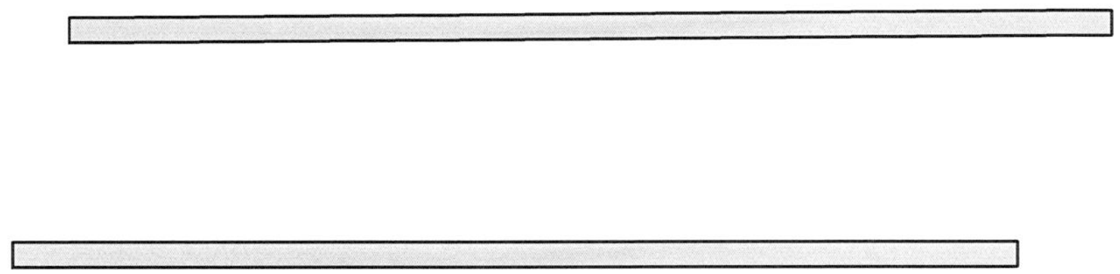

②並べた棒の中央に段ボールを置き
ガムテープで固定する。

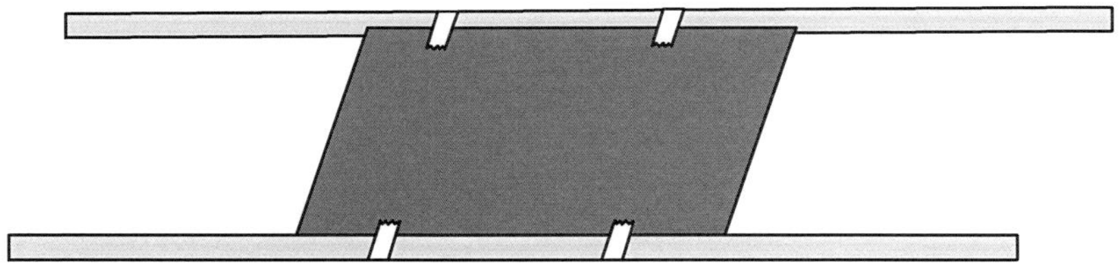

③中央に紙コップを載せる。

☆宇都宮大学共同教育学部附属小学校

問題１９

①

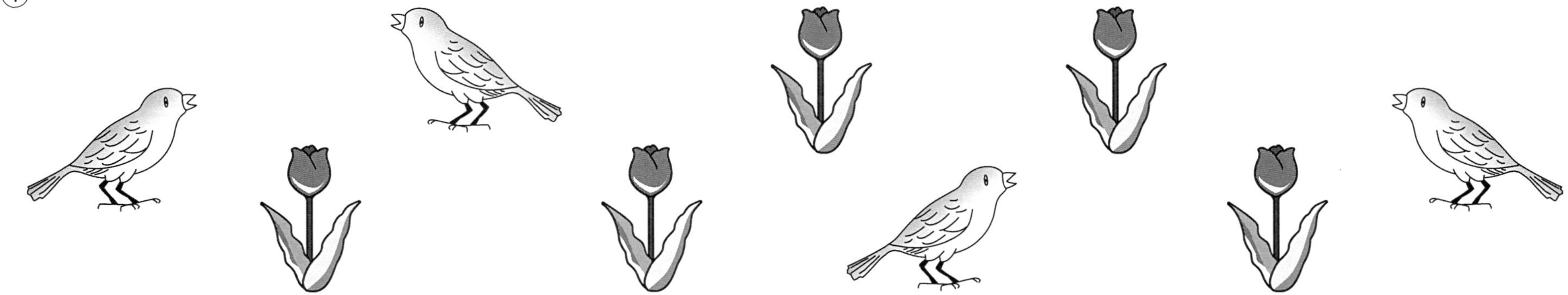

1　2　3　4　5　6

②

　　　日本学習図書株式会社

問題２０－１

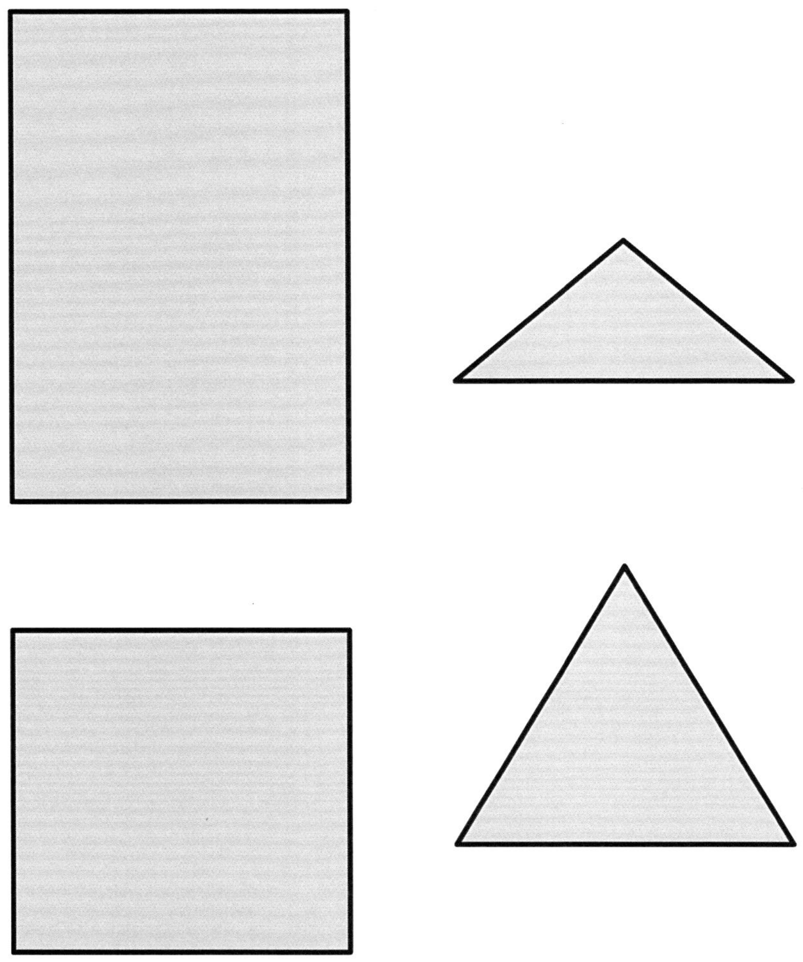

①

問題２０－２

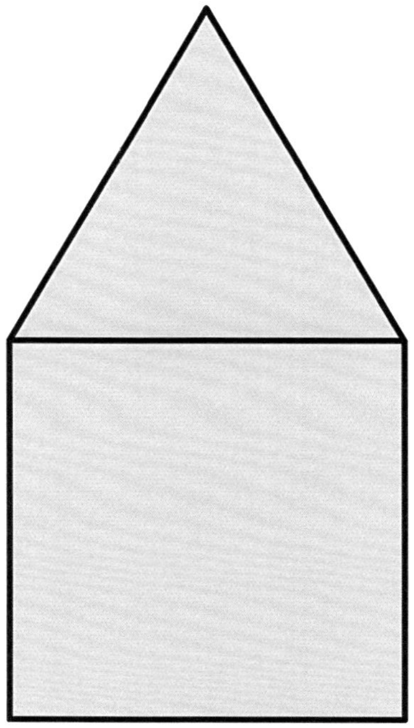

　　　日本学習図書株式会社

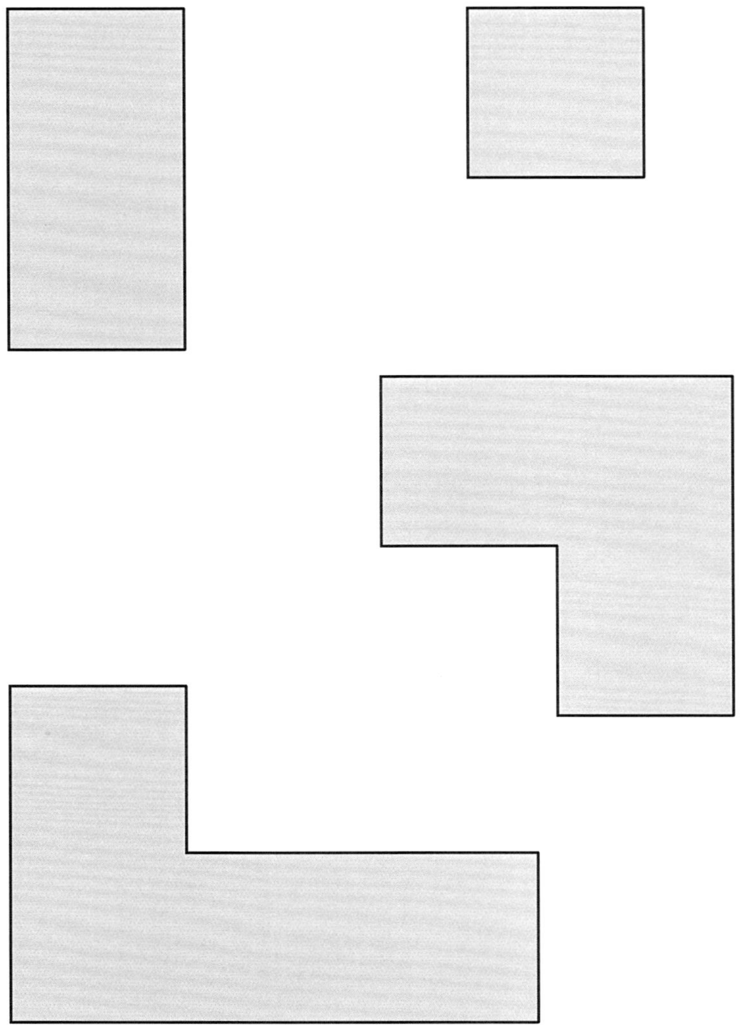

②

☆作新学院小学部

問題２３

①

②

③

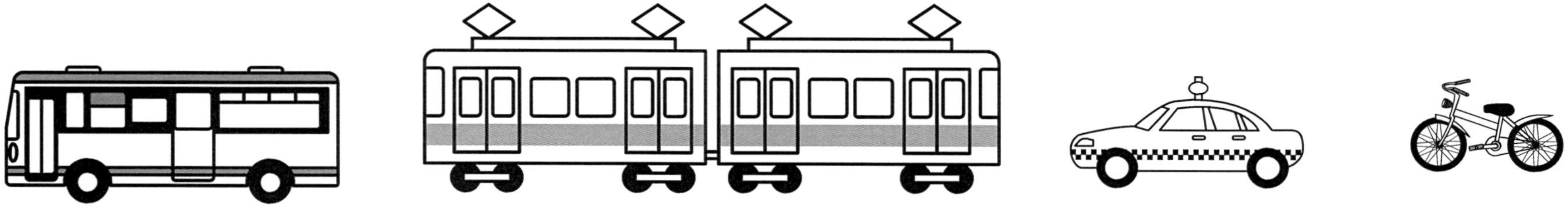

☆作新学院小学部

問題２４

日本学習図書株式会社

問題２５

日本学習図書株式会社

問題26

問題２７

問題２８

☆作新学院小学部

①

②

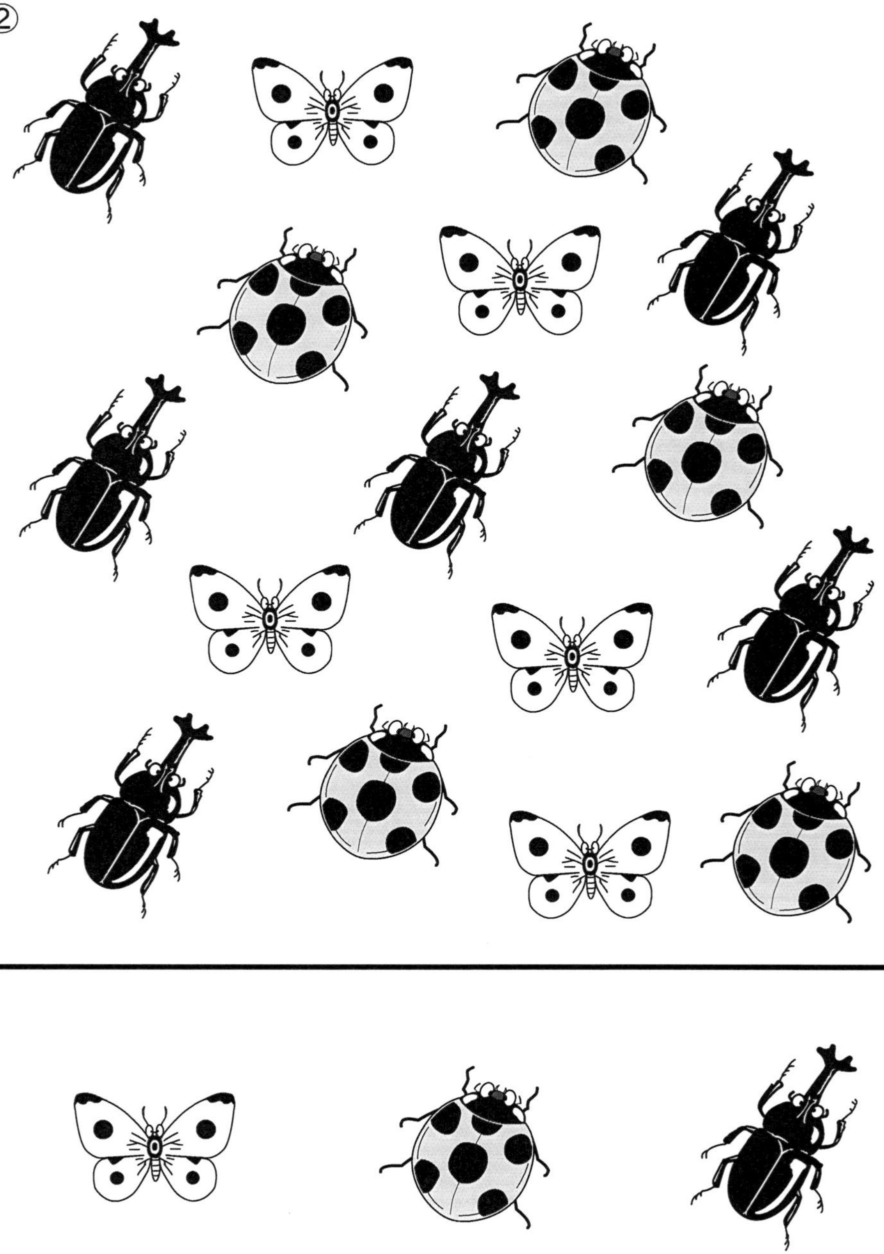

日本学習図書株式会社

問題２９

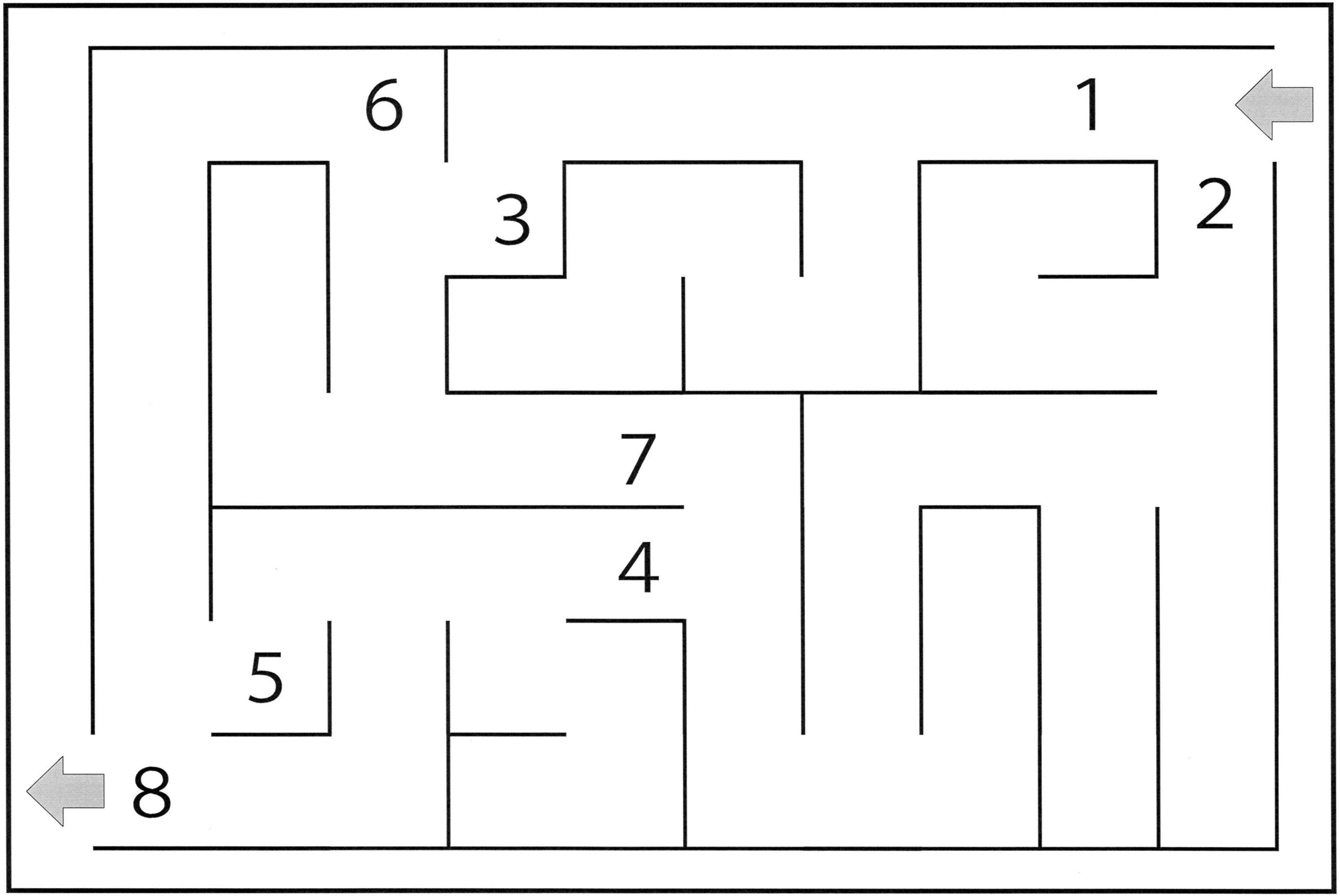

問題３１

①

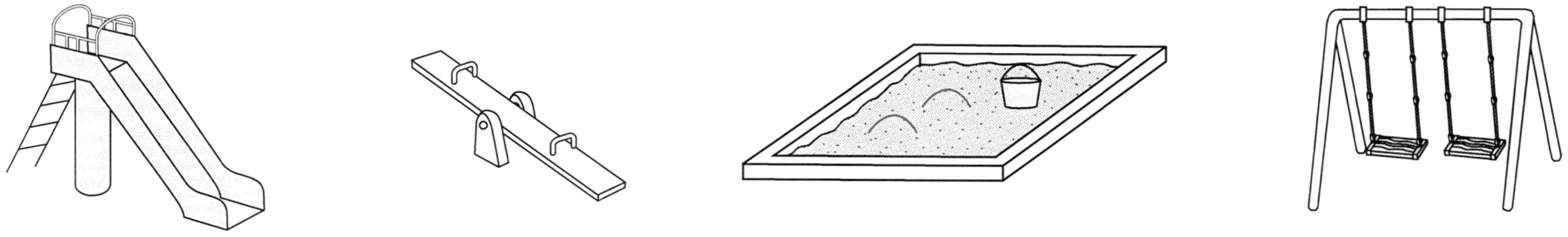

②

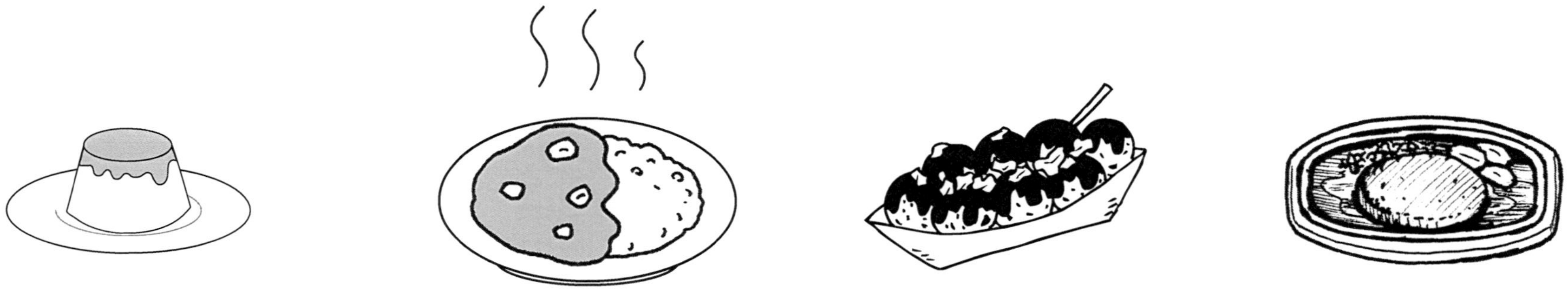

③

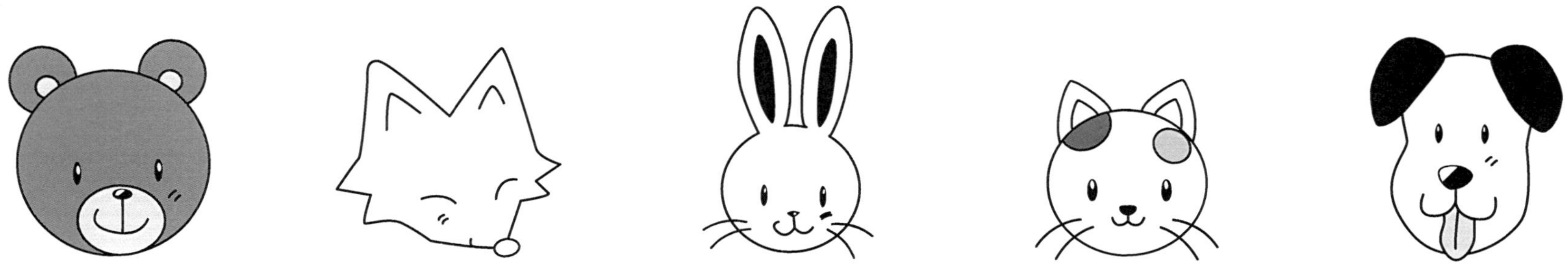

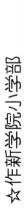

☆作新学院小学部

問題３２

☆作新学院小学部

問題３３−１

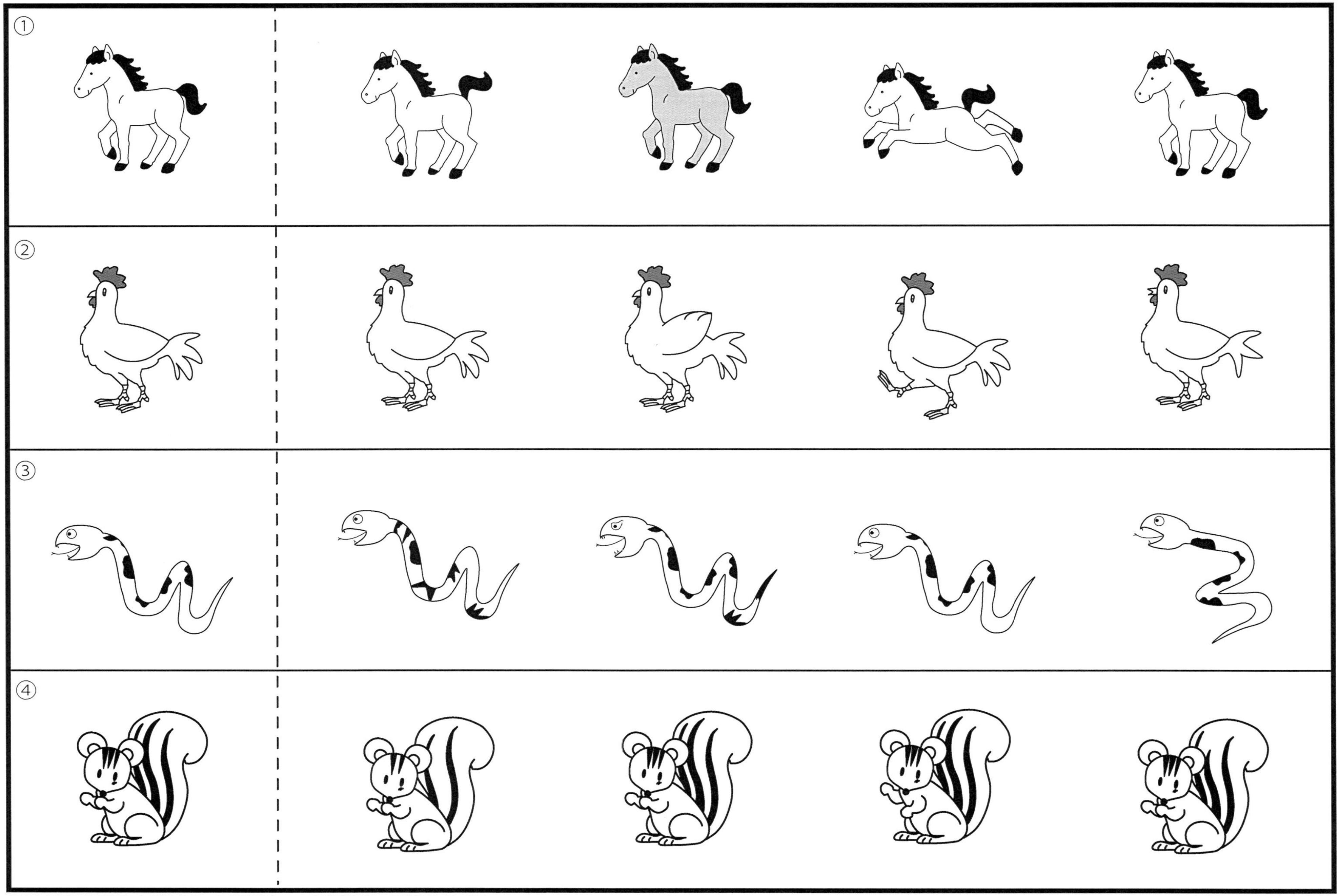

   日本学習図書株式会社

問題３３－２

⑤

日本学習図書株式会社

問題３４

①

1　2　3　4　5　6

②

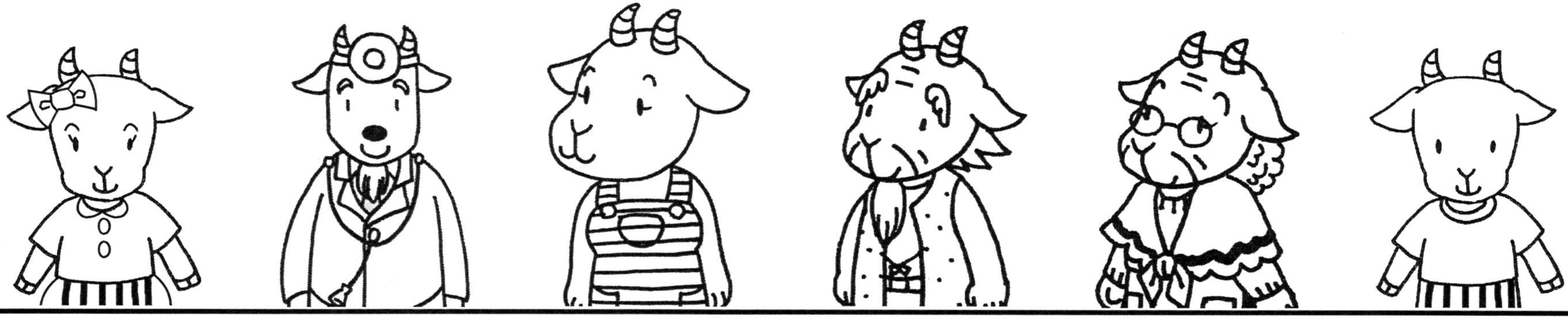

③

問題３５

   日本学習図書株式会社

☆作新学院小学部

問題３６

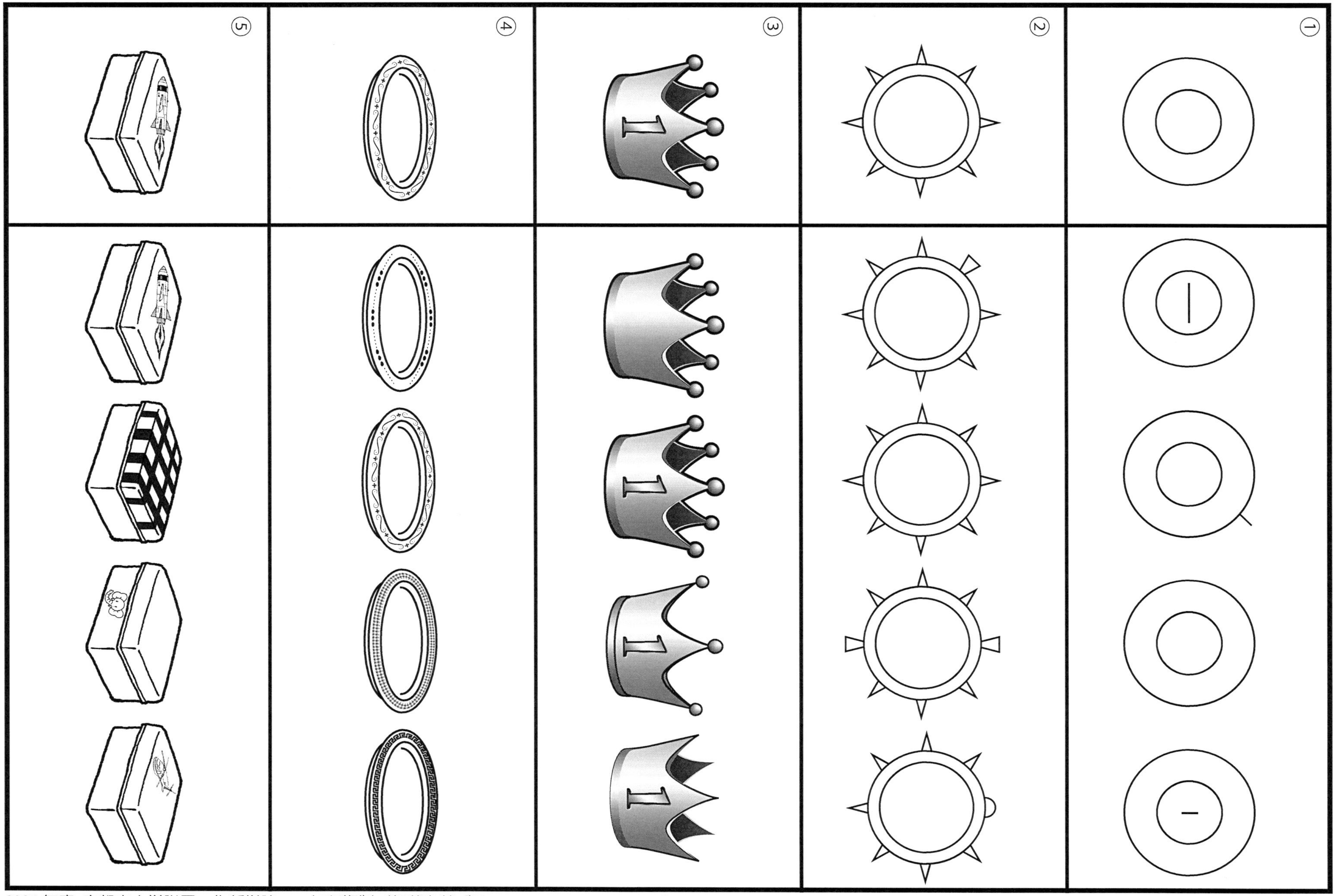

日本学習図書株式会社

問題３７

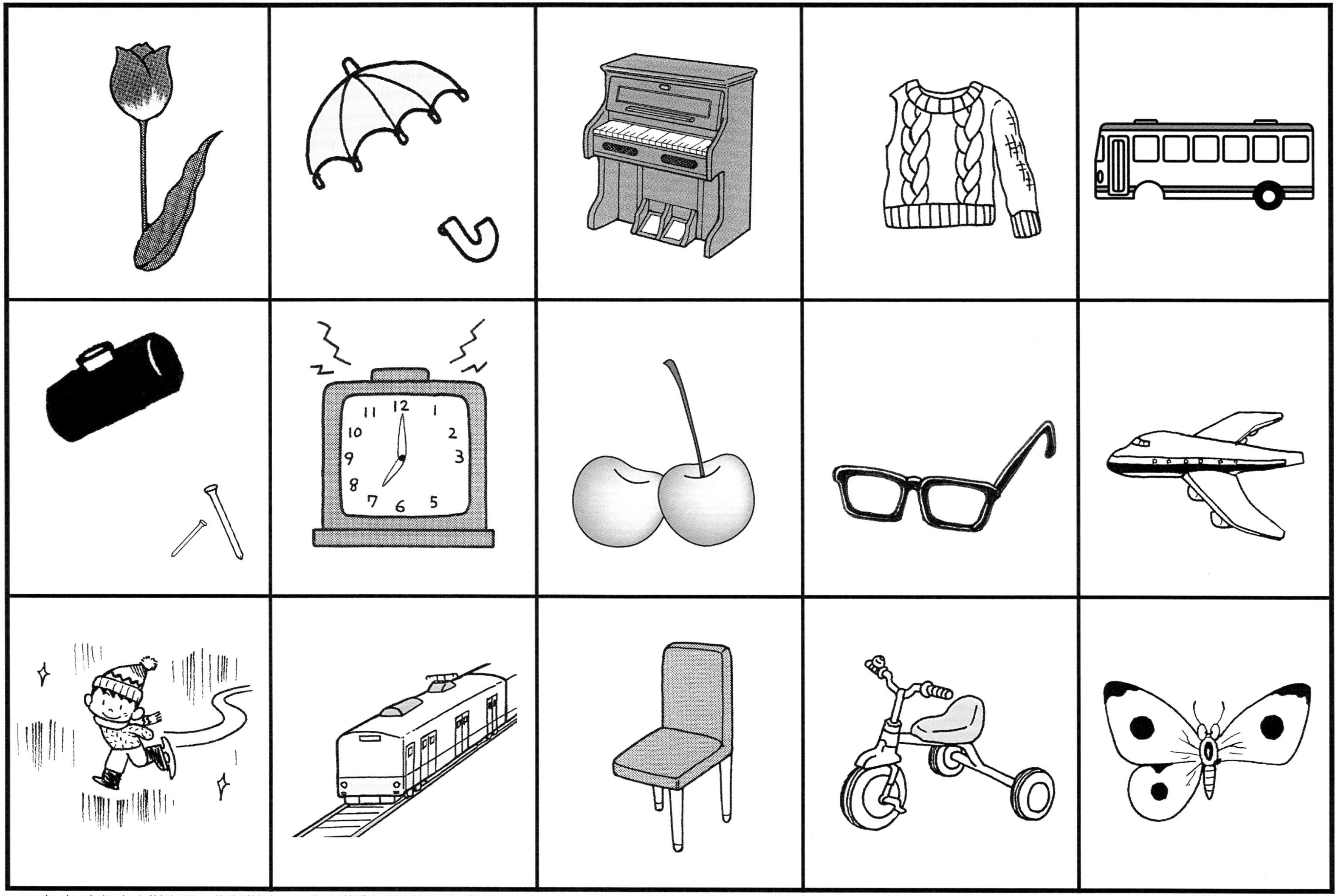

日本学習図書株式会社

問題３８

日本学習図書株式会社

問題３９

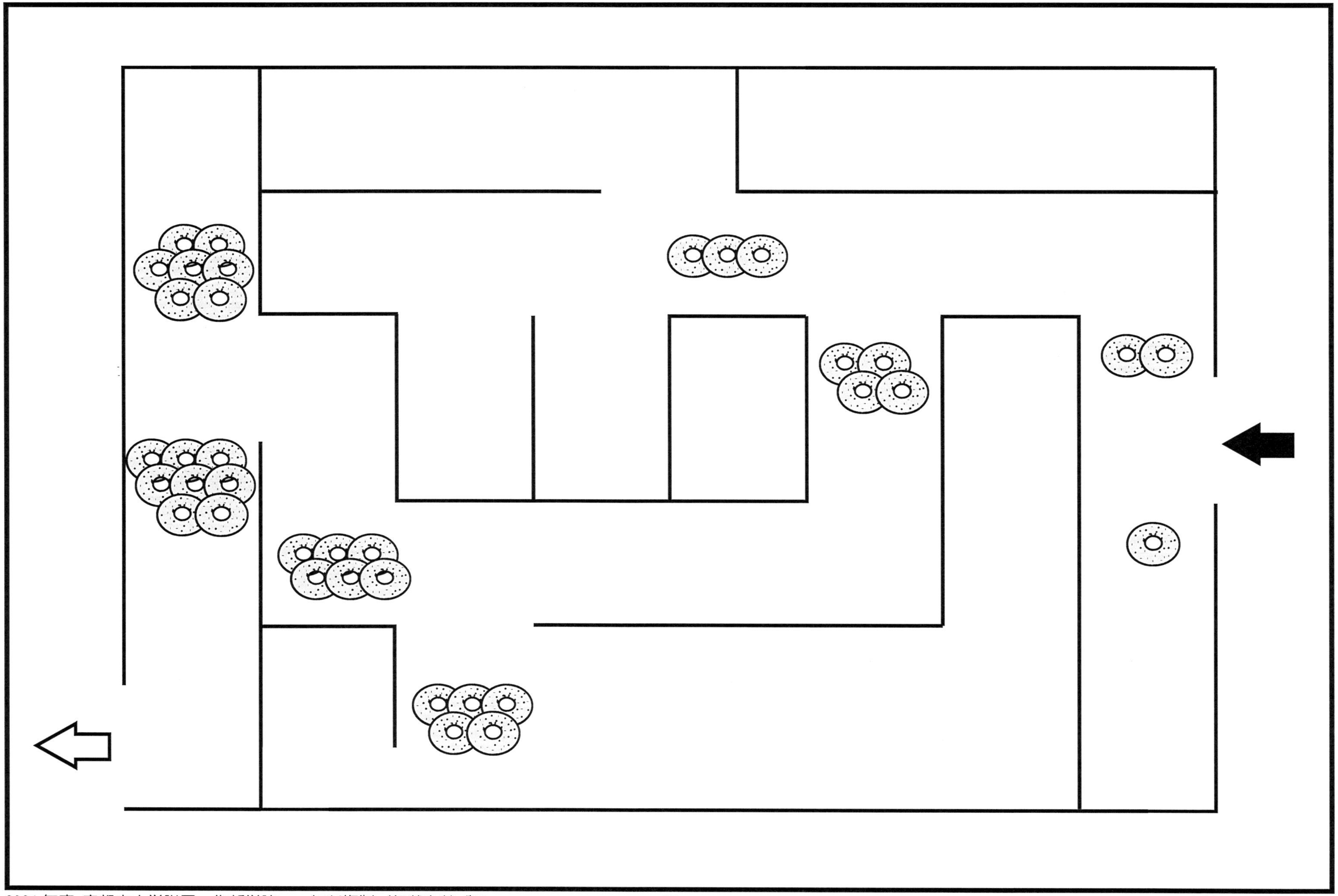

   日本学習図書株式会社

☆作新学院小学部

問題４０

   日本学習図書株式会社

分野別 小学入試練習帳 ジュニアウォッチャー

1．点・線図形	小学校入試で出題頻度の高い『点・線図形』の模写を、難易度の低いものから段階別に幅広く練習することができるように構成。
2．座標	図形の位置模写という作業を、難易度の低いものから段階別に練習できるように構成。
3．パズル	様々なパズルの問題を難易度の低いものから段階別に練習できるように構成。
4．同図形探し	小学校入試で出題頻度の高い、同図形選びの問題を繰り返し練習できるように構成。
5．回転・展開	図形などを回転、または展開したとき、形がどのように変化するかを学習し、理解を深められるように構成。
6．系列	数、図形などの様々な系列問題を、難易度の低いものから段階別に練習できるように構成。
7．迷路	迷路の問題を繰り返し練習できるように構成。
8．対称	対称に関する問題を４つのテーマに分類し、各テーマごとに問題を段階別に練習できるように構成。
9．合成	図形の合成に関する問題を、難易度の低いものから段階別に練習できるように構成。
10．四方からの観察	もの（立体）を様々な角度から見て、どのように見えるかを推理する問題を段階別に整理し、１つの形式で複数の問題を練習できるように構成。
11．いろいろな仲間	ものや動物、植物の共通点を見つけ、分類していく問題を中心に構成。
12．日常生活	日常生活における様々な問題を６つのテーマに分類し、各テーマごとに一つの問題形式で複数の問題を練習できるように構成。
13．時間の流れ	『時間』に着目し、様々なものごとは、時間が経過するとどのように変化するのかということを学習し、理解できるように構成。
14．数える	様々なものを『数える』ことから、数の多少の判定やかけ算、わり算の基礎までを練習できるように構成。
15．比較	比較に関する問題を５つのテーマ（数、高さ、長さ、量、重さ）に分類し、各テーマごとに問題を段階別に練習できるように構成。
16．積み木	数える対象を積み木に限定した問題集。
17．言葉の音遊び	言葉の音に関する問題を５つのテーマに分類し、各テーマごとに問題を段階別に練習できるように構成。
18．いろいろな言葉	表現力をより豊かにするいろいろな言葉として、擬態語や擬声語、同音異義語、反意語、数詞を取り上げた問題集。
19．お話の記憶	お話を聴いてその内容を記憶、理解し、設問に答える形式の問題集。
20．見る記憶・聴く記憶	「見て憶える」「聴いて憶える」という『記憶』分野に特化した問題集。
21．お話作り	いくつかの絵を元にしてお話を作る練習をして、想像力を養うことができるように構成。
22．想像画	描かれてある形や景色に好きな絵を描くことにより、想像力を養うことができるように構成。
23．切る・貼る・塗る	小学校入試で出題頻度の高い、はさみやのりなどを用いた巧緻性の問題を繰り返し練習できるように構成。
24・絵画	小学校入試で出題頻度の高い、お絵かきやぬり絵などクレヨンやクーピーペンを用いた巧緻性の問題を繰り返し練習できるように構成。
25．生活巧緻性	小学校入試で出題頻度の高い日常生活の様々な場面における巧緻性の問題集。
26．文字・数字	ひらがなの清音、濁音、拗音、拗長音、促音と１～20までの数字に焦点を絞り、練習できるように構成。
27．理科	小学校入試で出題頻度が高くなりつつある理科の問題を集めた問題集。
28．運動	出題頻度の高い運動問題を種目別に分けて構成。
29．行動観察	項目ごとに問題提起をし、「このような時はどうか、あるいはどう対処するのか」の観点から問いかける形式の問題集。
30．生活習慣	学校から家庭に提起された問題と思って、一問一問絵を見ながら話し合い、考える形式の問題集。

31．推理思考	数、量、言語、常識（含理科、一般）など、諸々のジャンルから問題を構成し、近年の小学校入試問題傾向に沿って構成。
32．ブラックボックス	箱や筒の中を通ると、どのようなお約束でどのように変化するかを推理・思考する問題集。
33．シーソー	重さの違うものをシーソーに乗せた時どちらに傾くのか、またどうすればシーソーは釣り合うのかを思考する基礎的な問題集。
34．季節	様々な行事や植物などを季節別に分類できるように知識をつける問題集。
35．重ね図形	小学校入試で頻繁に出題されている「図形を重ね合わせてできる形」についての問題を集めました。
36．同数発見	様々な物を数え「同じ数」を発見し、数の多少の判断や数の認識の基礎を学べるように構成した問題集。
37．選んで数える	数の学習の基本となる、いろいろなものの数を正しく数える学習を行う問題集。
38．たし算・ひき算１	数字を使わず、たし算とひき算の基礎を身につけるための問題集。
39．たし算・ひき算２	数字を使わず、たし算とひき算の基礎を身につけるための問題集。
40．数を分ける	数を等しく分ける問題です。等しく分けたときに余りが出るものもあります。
41．数の構成	ある数がどのような数で構成されているか学んでいきます。
42．一対多の対応	一対一の対応から、一対多の対応まで、かけ算の考え方の基礎学習を行います。
43．数のやりとり	あげたり、もらったり、数の変化をしっかりと学びます。
44．見えない数	指定された条件から数を導き出します。
45．図形分割	図形の分割に関する問題集。パズルや合成の分野にも通じる様々な問題を集めました。
46．回転図形	「回転図形」に関する問題集。やさしい問題から始め、いくつかの代表的なパターンから、段階を踏んで学習できるよう編集されています。
47．座標の移動	「マス目の指示通りに移動する問題」と「指示された数だけ移動する問題」を収録。
48．鏡図形	鏡で左右反転させた時の見え方を考えます。平面図形から立体図形、文字、絵まで。
49．しりとり	すべての学習の基礎となる「言葉」を学ぶこと、特に「語彙」を増やすことに重点をおき、さまざまなタイプの「しりとり」問題を集めました。
50．観覧車	観覧車やメリーゴーラウンドなどを舞台にした「回転系列」の問題集。「推理思考」分野の問題ですが、要素として「図形」や「数量」も含みます。
51．運筆①	鉛筆の持ち方を学び、点線なぞり、お手本を見ながらの模写で、線を引く練習をします。
52．運筆②	運筆①からさらに発展し、「欠所補完」や「迷路」などを楽しみながら、より複雑な鉛筆運びを習得することを目指します。
53．四方からの観察 積み木編	積み木を使用した「四方からの観察」に関する問題を練習できるように構成。
54．図形の構成	見本の図形がどのような部分によって形づくられているかを考えます。
55．理科②	理科的知識に関する問題を集中して練習する「常識」分野の問題集。
56．マナーとルール	道路や駅、公共の場でのマナー、安全や衛生に関する常識を学べるように構成。
57．置き換え	さまざまな具体的・抽象的事象を記号で表す「置き換え」の問題を扱います。
58．比較②	長さ・高さ・体積・数などを数学的な知識を使わず、論理的に推測する「比較」の問題を練習できるように構成。
59．欠所補完	線と線のつながり、欠けた絵に当てはまるものなどを求める「欠所補完」に取り組める問題集です。
60．言葉の音（おん）	しりとり、決まった順番の音をつなげるなど、「言葉の音」に関する問題に取り組める練習問題集です。

『読み聞かせ』×『質問』＝『聞く力』

お話の記憶の練習に最適

1話5分の 読み聞かせお話集①②

「アラビアン・ナイト」「アンデルセン童話」「イソップ寓話」「グリム童話」、日本や各国の民話、昔話、偉人伝の中から、教育的な物語や、過去に小学校入試でも出題された有名なお話を中心に掲載。お話ごとに、内容に関連したお子さまへの質問も掲載しています。「読み聞かせ」を通して、お子さまの『聞く力』を伸ばすことを目指します。

①巻・②巻　各48話

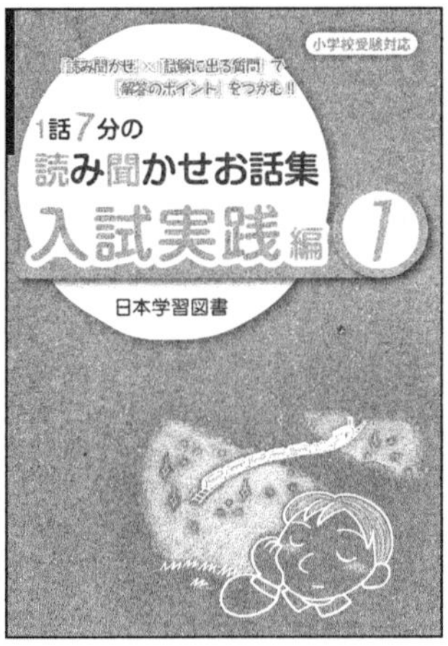

1話7分の読み聞かせお話集 入試実践編①

国立・私立小学校受験対応

最長1,700文字の長文のお話を掲載。有名でない＝「聞いたことのない」お話を聞くことで、『集中力』のアップを目指します。設問も、実際の試験を意識した設問としています。ペーパーテスト実施校の多くが「お話の記憶」の問題を出題します。毎日の「読み聞かせ」と「試験に出る質問」で、「解答のポイント」をつかんで臨みましょう！

50話収録

ニチガクの この5冊で受験準備も万全！

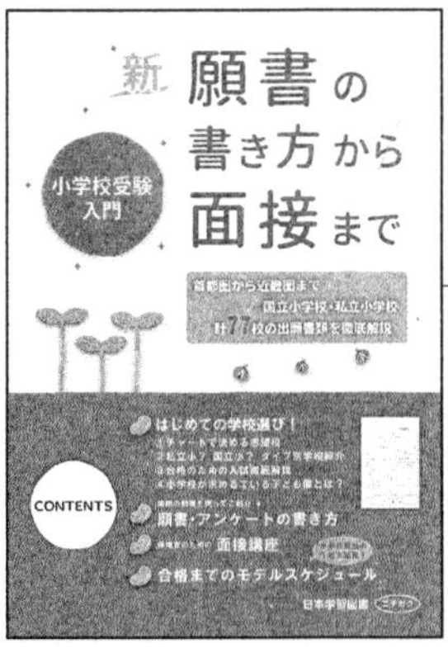

小学校受験入門 願書の書き方から面接まで リニューアル版

主要私立・国立小学校の願書・面接内容を中心に、学校選びや入試の分野傾向、服装コーディネート、持ち物リストなども網羅し、受験準備全体をサポートします。

小学校受験で 知っておくべき 125のこと

小学校受験の基本から怪しい「ウワサ」まで、保護者の方々からの 125 の質問にていねいに解答。目からウロコのお受験本。

新　小学校受験の 入試面接Q＆A リニューアル版

過去十数年に遡り、面接での質問内容を網羅。小学校別、父親・母親・志願者別、さらに学校のこと・志望動機・お子さまについてなど分野ごとに模範解答例やアドバイスを掲載。

新　願書・アンケート 文例集 500 リニューアル版

有名私立小、難関国立小の願書やアンケートに記入するための適切な文例を、質問の項目別に収録。合格を掴むためのヒントが満載！願書を書く前に、ぜひ一度お読みください。

小学校受験に関する 保護者の悩みQ＆A

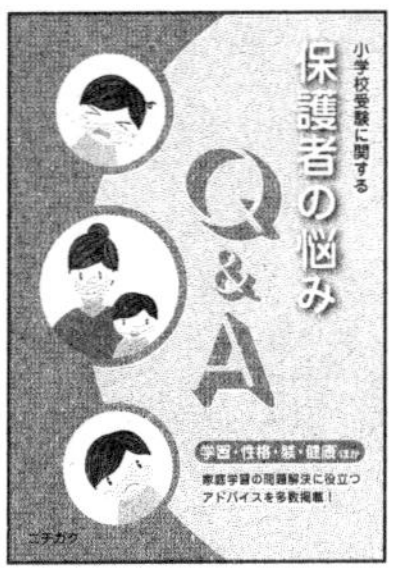

保護者の方約 1,000 人に、学習・生活・躾に関する悩みや問題を取材。その中から厳選した 200 例以上の悩みに、「ふだんの生活」と「入試直前」のアドバイス２本立てで悩みを解決。

日本学習図書株式会社

図書カード 1000 円分プレゼント

ご記入日　　年　月　日

☆国・私立小学校受験アンケート☆

※可能な範囲でご記入下さい。選択肢は○で囲んで下さい。

〈小学校名〉＿＿＿＿＿＿＿＿　〈お子さまの性別〉男・女　〈誕生月〉＿＿月

〈その他の受験校〉（複数回答可）＿＿＿＿＿＿＿＿

〈受験日〉①：＿＿月＿＿日〈時間〉＿＿時＿＿分～＿＿時＿＿分

　　　　②：＿＿月＿＿日〈時間〉＿＿時＿＿分～＿＿時＿＿分

〈受験者数〉男女計＿＿名（男子＿＿名　女子＿＿名）

〈お子さまの服装〉＿＿＿＿＿＿＿＿

〈入試全体の流れ〉（記入例）準備体操→行動観察→ペーパーテスト

＿＿＿＿＿＿＿＿

Eメールによる情報提供

日本学習図書では、Eメールでも入試情報を募集しております。
下記のアドレスに、アンケートの内容をご入力の上、メールをお送り下さい。

ojuken@nichigaku.jp

●行動観察　（例）好きなおもちゃで遊ぶ・グループで協力するゲームなど

〈実施日〉＿＿月＿＿日〈時間〉＿＿時＿＿分～＿＿時＿＿分〈着替え〉□有 □無

〈出題方法〉□肉声 □録音 □その他（　　　　）〈お手本〉□有 □無

〈試験形態〉□個別 □集団（　　人程度）

〈会場図〉

〈内容〉

□自由遊び

＿＿＿＿＿＿＿＿

□グループ活動

＿＿＿＿＿＿＿＿

□その他

＿＿＿＿＿＿＿＿

●運動テスト（有・無）　（例）跳び箱・チームでの競争など

〈実施日〉＿＿月＿＿日〈時間〉＿＿時＿＿分～＿＿時＿＿分〈着替え〉□有 □無

〈出題方法〉□肉声 □録音 □その他（　　　　）〈お手本〉□有 □無

〈試験形態〉□個別 □集団（　　人程度）

〈会場図〉

〈内容〉

□サーキット運動

□走り □跳び箱 □平均台 □ゴム跳び

□マット運動 □ボール運動 □なわ跳び

□クマ歩き

□グループ活動＿＿＿＿＿＿＿＿

□その他＿＿＿＿＿＿＿＿

●知能テスト・口頭試問

〈実施日〉＿＿月＿＿日 〈時間〉＿＿時＿＿分＿～＿時＿＿分 〈お手本〉□有 □無

〈出題方法〉 □肉声 □録音 □その他（　　　　　）〈問題数〉＿＿枚 ＿＿問

分野	方法	内　　容	詳　細・イ　ラ　ス　ト
(例) お話の記憶	☑筆記 □口頭	動物たちが待ち合わせをする話	(あらすじ) 動物たちが待ち合わせをした。最初にウサギさんが来た。次にイヌくんが、その次にネコさんが来た。最後にタヌキくんが来た。 (問題・イラスト) ３番目に来た動物は誰か 
お話の記憶	□筆記 □口頭		(あらすじ) (問題・イラスト)
図形	□筆記 □口頭		
言語	□筆記 □口頭		
常識	□筆記 □口頭		
数量	□筆記 □口頭		
推理	□筆記 □口頭		
その他	□筆記 □口頭		

●制作　（例）ぬり絵・お絵かき・工作遊びなど

〈実施日〉＿＿月＿＿日　〈時間〉＿＿時＿＿分　～　＿＿時＿＿分

〈出題方法〉　□肉声　□録音　□その他（　　　　　　）　〈お手本〉□有　□無

〈試験形態〉　□個別　□集団（　　　　人程度）

材料・道具	制作内容
□ハサミ □のり（□つぼ　□液体　□スティック） □セロハンテープ □鉛筆　□クレヨン（　色） □クーピーペン（　色） □サインペン（　色）□ □画用紙（□ A4　□ B4　□ A3 　　　□その他：　　　　　　） □折り紙　□新聞紙　□粘土 □その他（　　　　　　　　）	□切る　□貼る　□塗る　□ちぎる　□結ぶ　□描く　□その他（　　　　　　　　） タイトル：＿＿＿＿＿＿＿＿＿＿＿＿

●面接

〈実施日〉＿＿月＿＿日　〈時間〉＿＿時＿＿分　～　＿＿時＿＿分〈面接担当者〉＿＿＿名

〈試験形態〉□志願者のみ（　　）名　□保護者のみ　□親子同時　□親子別々

〈質問内容〉

□志望動機　□お子さまの様子

□家庭の教育方針

□志望校についての知識・理解

□その他（　　　　　　　　　　　　）

（　詳　細　）

・

・

・

・

※試験会場の様子をご記入下さい。

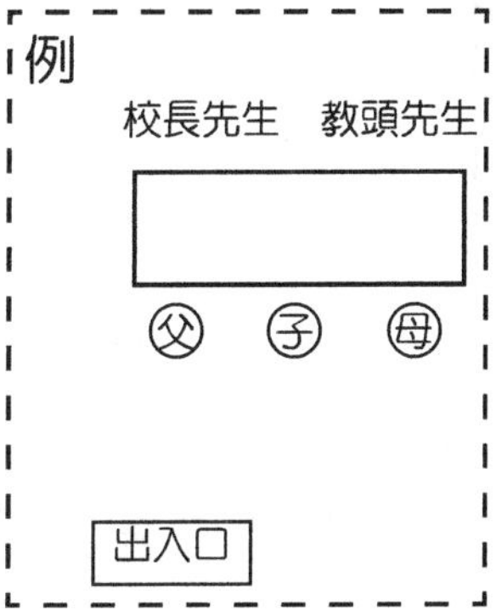

●保護者作文・アンケートの提出（有・無）

〈提出日〉　□面接直前　□出願時　□志願者考査中　□その他（　　　　　　　　　　）

〈下書き〉　□有　□無

〈アンケート内容〉

（記入例）当校を志望した理由はなんですか（150 字）

日本学習図書株式会社

●説明会（□有　□無）〈開催日〉　　月　　日〈時間〉　時　　分　～　　時　　分

〈上履き〉　□要　□不要　〈願書配布〉　□有　□無　〈校舎見学〉　□有　□無

〈ご感想〉

●参加された学校行事（複数回答可）

公開授業〈開催日〉　　月　　日〈時間〉　時　　分　～　　時　　分

運動会など〈開催日〉　　月　　日〈時間〉　時　　分　～　　時　　分

学習発表会・音楽会など〈開催日〉　　月　　日〈時間〉　時　　分　～　　時　　分

〈ご感想〉

※是非参加したほうがよいと感じた行事について

●受験を終えてのご感想、今後受験される方へのアドバイス

※対策学習（重点的に学習しておいた方がよい分野）、当日準備しておいたほうがよい物など

＊＊＊＊＊＊＊＊＊＊＊＊＊　ご記入ありがとうございました　＊＊＊＊＊＊＊＊＊＊＊＊＊

必要事項をご記入の上、ポストにご投函ください。

なお、本アンケートの送付期限は入試終了後３ヶ月とさせていただきます。また、入試に関する情報の記入量が当社の基準に満たない場合、謝礼の送付ができないことがございます。あらかじめご了承ください。

ご住所：〒

お名前：　　　　　　　　　　メール：

ＴＥＬ：　　　　　　　　　　ＦＡＸ：

ご記入頂いた個人に関する情報は、当社にて厳重に管理致します。弊社の個人情報取り扱いに関する詳細は、www.nichigaku.jp/policy.php の「個人情報の取り扱い」をご覧下さい。

家庭学習をトータルサポート！ ニチガクのオリジナル 効果的 学習法

1 まずは アドバイスページを読む！

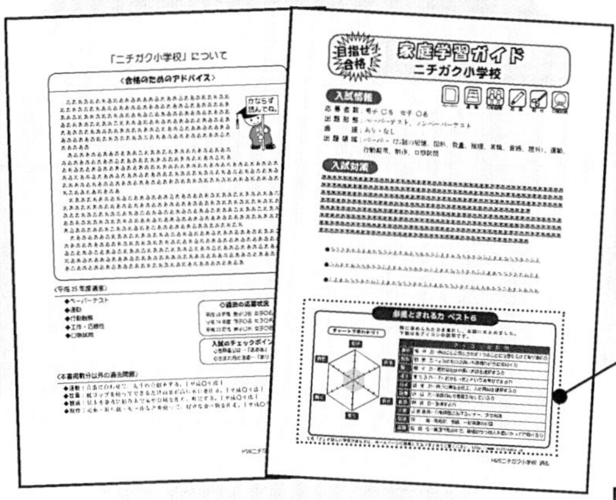

ピンク色です

対策や試験ポイントがぎっしりつまった「家庭学習ガイド」。分析内容やレーダーチャート、分野アイコンで、試験の傾向をおさえよう！

2 問題を全て読み、出題傾向を把握する

3 「学習のポイント」で学校側の観点や問題の解説を熟読

4 初めて過去問題にチャレンジ！

5 プラスα 対策問題集や類題で力を付ける

過去問のこだわり

各問題に求められる「力」

分野だけでなく、各問題の求められる「力」をアイコンで表記！アドバイスページの分析レーダーチャートで力のバランスも把握できる！

各問題のジャンル

問題3 分野：図形（パズル）　集中　観察

〈準 備〉　あらかじめ問題３－１の絵を線に沿って切り離しておく。

〈問 題〉　（切り離したパズルと問題３－２の絵を渡す）ここに９枚のパズルがあります。この中からパズルを６枚選んで絵を作ってください。絵ができたら、使わなかったパズルを教えてください。

〈時 間〉　１分

〈解 答〉　省略

出題年度

[2018年度出題]

学習のポイント

用意されたパズルを使って絵を作り、その際に使用しなかったパズルを答える問題です。パズルのつながりを見つける図形認識の力と、指示を聞き逃さない注意力が要求されています。パズルを作る際には、全体を見渡してある程度の完成予想図を思い浮かべることと、特定の部品に注目して、ほかとのつながりを見つけることを意識して練習をすると良いでしょう。図形を認識し、完成図を予想する力は、いきなり頭に浮かぶものではなく、何度も同種の問題を解くことでイメージできるようになるものです。日常の練習の際にも、パズルが上手くできた時に、「どのように考えたの」と聞いてみて、考え方を言葉で確認する習慣をつけていくようにしてください。

【おすすめ問題集】
Ｊｒ・ウォッチャー３「パズル」、59「欠所補完」

学習のポイント

各問題の解説や学校の観点、指導のポイントなどを教えます。
保護者の方が今日から家庭学習の先生に！

おすすめ対策問題集

分野ごとに対策問題集をご紹介。苦手分野の克服に最適です！
＊専用注文書付き。

2021年度版　宇都宮大学共同教育学部附属小学校
作新学院小学部
過去問題集

発行日　2020年９月５日
発行所　〒162-0821　東京都新宿区津久戸町 3-11-9F
日本学習図書株式会社
電　話　03-5261-8951 ㈹

ISBN978-4-7761-5322-1

C6037 ￥2500E

9784776153221

1926037025009

定価　本体2,500円＋税

詳細は http://www.nichigaku.jp　日本学習図書　検索

2025（令和7）年度　入学試験対策 ／ 2024年8月～12月実施

宇大附小 作新小 そっくり模試

■■「本番で力を発揮する」ための「本番に最も近い模試」■■

＜実施要項＞

●内　容　入試傾向に合わせた、行動観察・運動・口頭＆ペーパーテスト・面接の模擬試験（採点表・講評つき）

●対　象　年長児およびその保護者（保護者様同伴でご参加ください）

●日　程　第１回：８月２４日（土）午前（宇大附小・作新小共通）

第２回：９月２１日（土）午前（宇大附小）・午後（作新小）

第３回：１０月１９日（土）午前（宇大附小・作新小共通）

第４回：１１月９日（土）午前（作新小ファイナル）

第５回：１２月７日（土）午前（宇大附小）

第６回：１２月２８日（金）午前・午後選択（宇大附小ファイナル）

●時　間　午前 ９：００～１２：００ / 午後 １：３０～４：３０（終了後１５分程度の講評・説明あり）

●持ち物　【お子様】上履き、ハンカチ、ティッシュ、水筒、運動のできる服装、【保護者様】スリッパ

●お申込　アプリ（園生の方）・お電話・メール・ホームページのお問い合わせフォームより

●受験料　１回あたり（税込）　９，９００円（園生・塾生の方）／ １３，２００円（一般生の方）

園生・塾生の方は口座振替、一般生の方はコンビニ振込用紙により、お支払いをお願いいたします。

●その他　・申込後のキャンセルはできません。発熱等で当日入室いただけなかった場合も同様に、模試は欠席扱い（後日資料等お渡し）とさせていただきます。何卒ご了承ください。

・ファイナル模試（第４回・第６回）のみのご受講は受け付けておりません。事前に講習会またはその他の回のそっくり模試の受講をお願いいたします。

・すべて先着順での受付とし、定員になり次第締め切りとさせていただきます。

実施会場・お問い合わせ

堯舜国際幼稚舎

ホームページはコチラ→

〒320-0055　宇都宮市下戸祭2-6-6
TEL　028-622-4248
Email　gyoshun@academy.co.jp
URL　https://www.gyoshun.jp

受付時間：平日９：００～１７：００

2024年度 合格実績

堯舜国際アカデミーから多数輩出しました!

宇都宮大学附属小学校	作新学院小学部
24名 一次合格!!	14名合格!!

※2次試験は、公開抽選のあ、1次合格者を掲載

※本実績は弊社調べ